U0607651

未来领袖摇篮
系列丛书

WEILAI
LINGXIUYAOLAN

RUSSIAN FAUNZE
MILITARY ACADEMY

王新龙 | 编著

伏龙芝军事学院
元帅在这里起航

RUSSIAN FAUNZE MILITARY ACADEMY

Be A Supreme Commander

中国出版集团
现代出版社

图书在版编目(CIP)数据

元帅在这里起航：伏龙芝军事学院 / 王新龙编著.—北京：现代
出版社，2013.2(2021.8重印)

（未来领袖摇篮）

ISBN 978-7-5143-1389-5

Ⅰ.①元… Ⅱ.①王… Ⅲ.①军事院校—俄罗斯—青年读物②军事
院校—俄罗斯—少年读物 Ⅳ.①E512.3-49

中国版本图书馆CIP数据核字(2013)第026509号

编　　著	王新龙
责任编辑	刘春荣
出版发行	现代出版社
通讯地址	北京市安定门外安华里504号
邮政编码	100011
电　　话	010-64267325 64245264(传真)
网　　址	www.xdcbs.com
电子邮箱	xiandai@cnpitc.com.cn
印　　刷	北京兴星伟业印刷有限公司
开　　本	700mm×1000mm 1/16
印　　张	12
版　　次	2013年2月第1版　2021年8月第3次印刷
书　　号	ISBN 978-7-5143-1389-5
定　　价	32.00元

版权所有,翻印必究;未经许可,不得转载

前 言
QIAN YAN

如今已步入不惑之年,记忆中的一些事情好多都已如烟消云散,不过有一个问题始终萦绕心头,我高中毕业的时候,家里的生活非常艰难,父母为什么还让我读完大学呢?这个问题困扰我已经20年了。终于有一天,我明白了,父母想让我换一种生活方式;他们不希望我沿着他们的生活轨迹前行!

古人说:"行万里路,读万卷书。"这句话实在深刻!对现代人而言,行万里路易,读万卷书难。科技的车轮正以惊人的速度滚滚向前,终日在电脑和千奇百怪的机器前忙碌的现代人,用电线、光缆、轨道和航线把地球变成一个村落,点击鼠标,我们可以在世界的任何一个角落把自己随意粘贴。好多人已经认为读书没什么用!读书是在浪费生命。于是,面对现代文明,缺少了读大学修炼的底蕴。我们频繁遭遇对面相逢不相识的尴尬,不断地积聚那些源自心底的陌生。为此,我们渴望一种深层的理解,渴望一种心灵的历练,以让脚步和心灵能够行得更远。

大学有着上千年文化的厚厚沉积,大学有着上千年文明的跌宕起伏,大学有着上千年社会的沧桑巨变,这足以让你惊叹,让你震撼。大学给你的感觉是那样空灵,那样清新,那样恬静。追昔抚今,历史的长廊仿佛就在眼前。生命却耐不住"逝者如斯夫"的侵蚀,大学生活也是必需的人生

经历。大学的魅力,与其耳闻,不如亲见。大学生活可以弥补我们时间的缺失,增值属于我们的光阴;大学可以把智慧集腋成裘,让我们的生命成就高品质的价值。

在任何一个团体中,总有某一个人充当着核心的角色,他的言行能够被团体认可,并指引着团体的某一些决策和行动。我们可以把这种人所具备的人格魅力称为"领袖气质"。环境是一种氛围,一种智慧,一种"隐性课程"。我国古代有"孟母三迁"的故事,说明环境对人才成长的重要性。

在良好的教育环境中,人才更能轻松愉快、自由主动地去发现、思考和探索,从中获得知识经验,在情感、信念、意志、行为和价值观等方面得到潜移默化的熏陶;成长环境有助于显示今天的行动与明天的结果之间存在的永久联系。在这里,曾经出现过无数的政治、经济、军事、文化等各个行业的领军人物。他们用行动证明:最具实力、特点的学府,才能真正缔造别具一格的人才。

本丛书选了最具代表性的世界名校20所。通过对这些名校的概况、教学特点、培养的名人等的介绍,意在深度挖掘人才成功之路上不为人知的细节,同时剖析名校培养人才的根本原因所在,是一部您一定要读的人生枕边书。

尽管我们付出了诸多辛苦,然而由于时间紧迫和能力所限,书稿错讹之处在所难免。敬请各方面的专家学者和广大读者批评指正。我们不胜感激!

编 者

2012年11月

目　录

开　篇　大学是未来领袖的摇篮

大学,是社会的良心,是天才的渊薮,是文化与思想的栖息地,也是每一个青少年成为未来领袖的摇篮。每所大学都有独特的文化和性格。一所大学能反映一个城市甚至一个国家的精神气质。大学是今天与未来的桥梁,认识一所大学,可以树立一个梦想;树立一个梦想,可以创造一个人生。

第一章　认识伏龙芝军事学院

伏龙芝军事学院是苏联培养诸兵种合成军队军官的高等军事学校,研究诸兵种合成战斗和集团军战役问题的科研中心,校址在莫斯科。1918年10月7日创办,原称工农红军总参学院,旨在从工农中培养具有高等军事文化程度的指挥干部。学院1998年己与其他院校合并更名为俄罗斯联邦武装力量合成军队学院,但人们仍习惯上称其为伏龙芝军事学院。

第二章　多样化的办学模式

伏龙芝军事学院多样化的办学模式。学校在训练中特别强调综合运用讲课、课堂讨论、自学、各种作业、各类演习等多种形式，提高学员的战役、战术和军事技术素养，培养学员独立思考和解决问题的能力。

第三章　军事学术思想中心

伏龙芝军事学院是俄罗斯军事学术思想的中心之一。有许多著名的俄罗斯军事科学界代表人物在这里工作。由于伏龙芝军事学院对苏联武装力量的建设和发展所做出的杰出贡献，因此它被人们冠以"红军的大脑"的美誉。

第四章　军事领袖聚集地

学院为苏联武装力量培养了数以万计的高级军事指挥人才，在卫国战争爆发后的两年半时间内，从伏龙芝学院直接去前线的将军和其他军官就有6000名以上。从该学院毕业的高级将领有朱可夫、伊万·科涅夫、崔可夫、刘伯承、左权、刘亚楼等。

开　篇　大学是未来领袖的摇篮

　　大学,是社会的良心,是天才的渊薮,是文化与思想的栖息地,也是每一个青少年成为未来领袖的摇篮。每所大学都有独特的文化和性格。一所大学能反映一个城市甚至一个国家的精神气质。大学是今天与未来的桥梁,认识一所大学,可以树立一个梦想;树立一个梦想,可以创造一个人生。

领袖是怎样炼成的

大学箴言

人生像一截木头，或者选择熊熊燃烧，或者选择慢慢腐朽。

做一个出类拔萃的领袖

要想真正成为一名出类拔萃的领袖，必须在工作、生活各个方面具备过硬的素质。从某种意义上说，领袖必须成为人民的理想楷模。这不仅是指通常所理解的"德"，而且也是指同样重要的"智"。一个真正的领袖必须拥有远大的抱负，拥有异于常人的智慧，超常的适应能力，服务大众的态度和引导舆论的能力。

一个好领袖必是一个好的聆听者，并掌握与人沟通、表情达意的技巧。他充满自信，具有很强的分析能力，亦必毅力过人，并能不断自省以求进。英国首相温斯顿·丘吉尔说过："成功不是终点，失败也并非末日。最重要的是具备勇气，一直前行。"当一个人为实现梦想苦苦追寻的时候，需要这样一种意志和品格。

坚持，是一种信念。无论在国内，还是在国外，要获得最美丽的人生，

要实现自己最大的价值,要能够对社会、对他人有所回报,就要坚持自己的目标和梦想。

坚持,是一种过程。这个世界上,天上掉馅饼的事儿几乎为零,或者没有什么事情是一蹴而就的。在梦想实现之前,需要耐得住寂寞、孤独和暂时的不成功。

坚持,是一种生活方式。学习也好,工作也好,生活也好,都需要用一种坚持的态度去完成。这种生活方式可以磨练自己的意志力。坚持住人生信念,没有什么困难是不可以克服的。

做富有文化底蕴的智者

一个优秀的领袖必然有着深厚的文化底蕴,其实也就是文气。文气是

> 【领袖语录】
> 　　读书时不可有己见;读书后不可无己见。

指一个人的内在文化底蕴、外在儒雅气质、文化修养、精神境界的自然显露。大学是保存知识、传播知识、创造知识的殿堂,是培养人才的摇篮,是先进文化的策源地和辐射源。大学领导者作为知识分子的领袖、楷模和标尺,如果自身没有知识、没有文化、没有学问,即没有所谓的"文气",就不会得到师生的尊重、敬仰和爱戴,就很难引领大学的发展。

修炼文气,须多读书,成为大学者。"腹有诗书气自华"。要养成儒雅的文气,就必须博学多识,不仅学习教育学、心理学、管理学、领导学、经济学等知识,还要多读经典古文、传统诗词、名家名篇,广泛涉猎经济、政治、文化、社会等各方面,学贯中西、通晓古今,努力成为著名学者。纵观做出卓著成绩的校长,他们都是某个学科领域的专家,同时也对人文社会科学知识有深厚的积淀。如北京大学原校长蔡元培是哲学家、美学家,还通晓教育学、心理学、生理学,堪称大学问家。

修炼文气,须多思考,成为思想家。文气的养成是为了提高个人素养,促进工作实践,而思考是学习与行动的桥梁,"学而不思则罔"。思考形成思维,思维产生观念,观念形成思想,思想决定行动。因此,大学领导者必

须学会思考，并多思考。要明了大学的性质，知晓大学的历史，把握大学面对的环境和拥有的资源，把文气的养成与改造思想结合起来，与指导实践结合起来，与解决实际问题结合起来。历史证明，成功的大学领导者，一般都是深邃的思考者。譬如，哈佛大学校长博克曾著《超越象牙塔》，指出现代大学不能回避为社会的进步和国家的利益服务；芝加哥大学校长赫钦斯曾著书《高深学问》，反对功利主义，倡导博雅教育；耶鲁大学校长吉亚麦提曾著《大学和公众利益》，探讨大学的性质和在社会中的作用；加州大学校长克尔曾著《大学的功用》，提出了巨型大学的概念。由于他们对大学有深入的思考，不随波逐流，从而把大学办出了特色，推上了新台阶。

修炼文气，须多谋划，成为谋略家。大学领导者是学校的规划设计者，历史上有卓越成就的大学领导者都是优秀的谋略大师。卡迪夫大学前任校长史密斯爵士曾说过，作为领导者，他必须将四分之三的时间花在思考学校方向和战略上，他认为，"校长就是要将自己的办学战略和价值理念传播出去，让学校所有员工接受，然后选择合适的人去实现这些策略。"中国的大学校长都曾经或正在谋划制定"大学发展战略规划、大学学科和师资队伍建设规划、大学校园发展规划"，引领大学的发展和振兴。事实证明，大学领导者只有经常围绕"建设一个什么样的大学，怎样建设这样的大学"的问题潜心思考，精心谋划，才能认准大学发展的根本方向，不至于随着各种思潮的冲击而左右摇摆。

> **【领袖语录】**
>
> 所谓年轻的心，就是总有一扇门敞开着，等待未来闯进。

浩然正气的力量

一个优秀的领袖还必须有正气。孟子曰："吾善养吾浩然之气。"文天祥说："天地有正气，杂然赋流形。下则为河岳，上则为日星。于人曰浩然，沛乎塞苍冥。"对大学领导者来说，正气就是不媚俗，能引领社会发展潮流。

　　修炼正气,须不媚俗。大学既要防止"滞后于社会"的弊端,但又不简单地"迎合时尚"。这就要求大学领导者的办学理念和行为方式必须因时而变,成为"对现在和未来都会产生影响的一种力量"。但这种适度而明智的变化不是无原则、无限度的,必须是"根据需求、事实和理想所做的变化"。罗伯特·M·赫钦斯在《学习社会》一书中直言不讳地追问:"大学究竟是为社会服务还是批评社会?是依附于社会还是独立于社会?是一面镜子还是一座灯塔?是迎合眼前的实际需要,还是传播及光大高深文化?"这些都需要我们深思。

　　有几个充分表明大学校长不媚俗的例子:1986年哈佛大学校庆,当时的美国总统里根希望获得哈佛大学名誉博士的称号,但哈佛大学校长德雷克·博克予以拒绝:"里根可以成为美国总统,但他难以获得哈佛的博士学位,因为这是学术称号。"人们称之为"两个President之争"。基辛格从国务卿岗位上卸任并退出政坛后,很想回到哈佛大学工作,但被哈佛大学校长婉言谢绝:"基辛格是个学识渊博的人。如果论私交,我和他的关系也不坏。但我要的是教授,不是不上课的大人物。"1957年北大校长马寅初在最高国务会议上提出他的"新人口论",受到当时权威的批判,但他说:"我决不向专以力压服,不以理说服的那种批判者们投降。"尽管他被迫辞去北京大学校长职务,全国人大常委之职也被罢免,公众的心中却并未消失,马老正直的身影和铿锵之声;历史证明,马寅初不媚俗,不迷信权威,他掌握了真理。

　　修炼正气,须能引领。大学不应脱离社会、孤芳自赏,而应当"与社会保持接触",并"以自己的实力和声望"对科学和重大而紧迫的社会问题、社会现象进行研究,从而对社会可能采取的行动与对策产生影响。赫钦斯说:"大学是一个瞭望塔。"在改革社会中应发挥积极的作用,成为承担公共服务的必不可少的工具,应不惜一切代价加强各种创造性的活动,引领社会前进。普林斯顿大学原校长弗莱克斯纳认为:大学必须经常给予学生一些东西,这些东西并不是社会所想要的(want),而是社会所需要的(needs)。不管社会如何变化,在任何情况下,大学都有对于知识和思想保存的责任,能不断引领社会发展,而不是一味地适应社会。因此,大学领导者应有能力通过引领大学发展来引领社会发展。

底气是做人之本

一个优秀的领袖还必须有底气。底气是做人之根本、根基、根源。底气足,才有真本钱,才有发言权,才有凝聚力和号召力。底气的表现形式就是说话的分量、人格的魅力、个人的影响力,就是群众的归属感、信任感和敬仰感。作为大学领导者,必须要有充足的底气。有了充足的底气,才能确立威信,促进事业的兴旺发达,实现大学的价值。充足的底气需要磨练和积累,需要全身心地培育和修炼。

> **【领袖语录】**
>
> 不要把知识与智慧混淆,知识告诉你怎样生存,智慧告诉你如何生活。

修炼底气,须立大志。底气源于理想和信念。理想和信念是大学领导者的基本内在修养。大学最根本的社会功能就是储存、创造和传递人类文明。大学要创造新的人类文明就要为了真理而追求真理。追求真理本身就是目的,因此,它天然地反对功利主义。大学还要负载价值,守望社会精神文明,给人类以极大关怀。因此大学领导者要树立追求真理、献身真理的大志向。要坚信我们所从事的事业是正义的事业,是伟大的事业,责任崇高而神圣,任务光荣而艰巨。

修炼底气,须善实践。能力是底气的表现。大学领导者在专业上要做专家,管理上要做行家,必须勤于实践善于实践。以华中科技大学历任领导者为例,他们都是善于实践的典范。朱九思提出"敢于竞争,善于转化","科研要走在教学的前面",大力加强科学研究;杨叔子坚持"高筑墙,广积人",大力加强师资队伍建设;周济实践"以服务求支持,以贡献求发展",大力发展社会服务等。正是历届领导者励精图治,实践创新,硬是把一所名不见经传的大学建设成了一所国内外知名的大学。由此可见,大学领导者应该是实践者。他不一定是管理学科的专家,但深谙教育管理之道,善于行政管理,精于用人之道,具有解决和处理各类大学矛盾的能力。

他不一定是专门的政治家,但能够把握大学正确的发展方向,提出适合大学长远发展的办学思想与理念,用先进的办学指导思想推进大学的建设、改革与发展。

修炼底气,须敢成功。成功的大学,领导者会更有底气,有底气的领导者会把大学引向更加成功的境地。正是由于哈佛校长艾略特、劳威尔、柯南特、博克等人成功地将哈佛引向了成功,才使哈佛大学更有了底气;也正是哈佛大学的不断成功,才使哈佛大学的校长更有底气,从而进一步引领大学从胜利走向新的胜利。

大气是一种智慧

一个优秀的领袖还必须有大气。大气,就是大气度、大胸怀、大气魄、大爱心。大学应该有大气。江泽民同志在北大百年校庆时讲:"大学,应该是培养和造就高素质的创造性人才的摇篮,应该是认识未知世界、探求客观真理、为人类解决面临的重大课题提供科学依据的前沿,应该是知识创新、推动科学技术成果向现实生产力转化的重要力量,应该是民族优秀文化与世界先进文明成果交流借鉴的桥梁。"完成这一使命,"大学的党委书记和校长,应该成为社会主义政治家、教育家。"因此,大学领导者应该有大气。

修炼大气,须有大视野。大学之大,根本取决于它的两大直接产品:学术和学生,以及铸成这两大产品的模具:学者、学长和学风。因此大学之大,乃在于学术之大、学生之大、学者之大、学长之大、学风之大。大学领导者要有宽广的视野、开放的精神,兼容并蓄,善于从复杂的现象中看到事物运动的基本态势,抓住基本规律,从眼前的利害中超越出来,突破经验的束缚,对社会需求进行全局的、客观的把握,穿透眼前,看到长远。大学发展的历程证明,大学领导者的视野往往决定大学的发展。纽曼的传统大学观把大学看作是"一个居住僧侣的村庄",弗莱克斯纳的现代大学观把大学看作是一个城镇,而克拉克·克尔的多元化巨型大学观则把大学看作是"一座充满无穷变化的城市"。可见领导者的视野决定大学的视野。哈佛大学校长萨默斯以国际视野改革大学教育，强调哈佛新课程改革要给本科生更多的到国外学习的机会。

修炼大气，须有大胸怀。"一个人胸怀有多大，才能做多大的事业。"大学具有天然的包容性：首先是学科包容。大学包容了传统基础学科，还包容了跨学科、边缘学科和应用学科，甚至为那些已经乏人问津的学科以及尚未获得广泛承认的学科与知识领域留有一席之地。其次是学者包容。大学包容各种各样的学者和学生，甚至为个别行为、个性和思想方法奇特的学者创造宽松环境，使他们按自己的习惯从事活动。再次是学术包容，即包容学术上的各种不同见解。因此，大学领导者在办学理念上，要有开放意识和世界眼光，以昂扬的气势迎接各种挑战，以仁厚的情感容纳学生，以宽容的精神对待学术，以谦虚的心灵接纳新知识；要在选用人才上，有"海纳百川"的大气，以开放的胸怀招揽人才，以宽广的眼光选用人才；在具体工作上，要有团结友爱的胸怀、互以对方为重的风格，要搞五湖四海，不搞小圈子，做到坦坦荡荡、光明磊落，容人、容事、容言。如果说大楼、大师是大学的硬件，大气则是软件，软件与硬件同样重

【领袖语录】

气不和时少说话，有言必失；心不顺时莫做事，做事必败。

要。在一定意义上，甚至可以说软件比硬件更重要。1953年出生的安德鲁·怀尔斯，10岁时对世界难题费马大定理着了迷，于是立志搞数学。他32岁成了普林斯顿大学教授后好像突然消失了，学术会议不参加了，论文也没有，有人说他江郎才尽了，有人说应该解聘他，但普林斯顿大学校长不为所动，仍然聘他为教授，表现出了大学的大爱，终于在9年后的1994年，安德鲁·怀尔斯破解了费尔马大定理，轰动世界，也使普林斯顿大学声名远扬。

修炼大气，须有大手笔。有了大手笔，才会有大发展。大手笔，要有大气魄，要有超越、怀疑、批判精神。要超越各种形式的禁锢和守旧观念，挑战各种历史理论和权威，深刻批判与反思，进行前提性追问、主体创造与建构。正是因为洪堡的大手笔才使柏林大学得以振兴，成为研究型大学的

【领袖语录】

遭遇鄙视是因为你对别人有威胁，或者有价值，是值得欣慰的。

楷模，从而使大学具有科学研究的职能；正是范海斯的大手笔，提出"威斯康星州的边界就是威斯康星大学的边界"，才使美国大学得以崛起，从而使社会服务成为大学的第三大职能；也正是蔡元培的大手笔改造旧北京大学，才使北京大学焕发出新的青春活力，成为真正意义上的现代大学。大学领导者要有大手笔，就要敢于有所为，有所不为，有所舍弃，敢于砍掉不适合自己学校发展的东西；有所为，有所先为，有所后为，敢于在自己的位置上创新、创造不可替代的业绩。

锐利的士气

一个优秀的领袖还必须有锐气。《淮南子·时则训》所说的"锐而不挫"，彰显的是不畏困难和挫折的精锐士气。锐气就是要有一股子劲，始终保持一种向上的进取姿态，保持高昂的工作热情和工作韧劲。锐气就是在成绩面前不忘乎所以，在困难面前不灰心丧气，不断适应新形势，研究新情况，解决新问题，做到"苟日新，又日新，日日新"。有锐气，才能有所作为，有所建树。

修炼锐气，须讲批判。大学是知识传递与生产的场所，是新思想的重要发源地。不论是知识的传递与生产，还是真理的探求，都应该建立在大学批判责任基础之上。德国社会学家海因兹·迪特里奇尖锐地指出："今天的大学是一些被阉割了的机构，大学教育脱离大多数人的生活现实，研究质量低下，教育道德沦丧。"作为大学领导者要弘扬大学的批判责任，鼓励和支持大学继续扮演那种绝对真理、社会公正和道德良心守护神的角色。

修炼锐气，须讲创新。加拿大阿尔伯塔大学校长罗德里克·德·弗雷泽认为，大学领导者的主要职责有三项：第一，吸引最好的学生到学校读书；第二，吸引最好的教职员工到学校工作；第三，为教职工、学生提供足够的资源，营造积极的氛围，使师生能够有效地学习、创造性地开展学术与科研工作,保证他们发挥最大潜力。大学要做好这些工作,没有具备创新意识和创新能力的领导者是不行的。创新是大学保持生命力的关键所在。历史证明,不满足于现状,勇于改革和创新是优秀大学领导者共同的特征之一。哈佛大学原校长劳威尔说在他任校长的 24 年里,有四大创新:一是设立主攻课和基础课制度,二是设立住宿学院制度,三是设立导师制度,四是设立荣誉学位制度。这些都为哈佛大学的进一步发展奠定了基础。

　　修炼锐气,须养个性。牛津大学原校长纽曼是一个有个性的校长。他认为:大学是传播普遍性知识的场所。知识本身即目的。教育是理智的训练。大学是为传授知识而设的,"如果大学是为了研究,我不知道大学为什么要那么多学生"。他的个性造就了牛津大学的辉煌。

> **【领袖语录】**
> 　　没有人可以打倒你,打倒你的只有你自己。

柏林大学原校长洪堡认为,大学的基本组织原则就是两条:自由和宁静,教师和学生为科学而共处,自由地进行各种学术上的探讨。他的个性使柏林大学很快崛起。威斯康星大学原校长范海斯认为,大学的基本

任务是把学生培养成有知识、能工作的公民；进行科学研究，发展创造新文化、新知识；传播知识，把知识传授给广大民众，使他们能够运用知识解决经济、生产、生活、政治等方面的问题。这种理念引领大学走出了古典大学的围墙，使大学获得了新的生命。曾经被毛泽东评价为"学界泰斗，人世楷模"的蔡元培，不仅提出了"囊括大典、网罗众家，思想自由、兼容并包"的著名办学方针，铸就了"北大精神"，更重要的是，他具有"外和内介、守正不阿，勇于任事、敢于负责，宽容大度、民主平等，严于律己、廉洁奉公"的个性，改造北大，铸就了北大的辉煌。

领袖素质

  远大的理想。纵观历史中的领袖都有远大的抱负，所谓吞吐天地之志。拥有这样的理想才能塑造其人格魅力。人们追随他，绝不仅仅因为他长得帅，而是因为他能带给人们希望，给人们一个远大而美好的憧憬。

大学在青少年成才中的作用

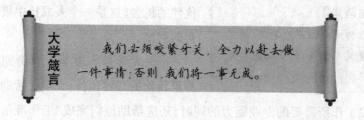

大学箴言　　我们必须咬紧牙关，全力以赴去做一件事情；否则，我们将一事无成。

做一个知书达礼的人

大学可以让我们自我发展与完善，大学不仅能帮助学生"读书明理"，更能帮助学生提升修养、品质、智慧。大学教育对于年轻人形成人生观、社会价值观，对于发现和理解生命的意义和人的社会价值有极大的作用。大学是人们的精神家园。

青少年作为明日的社会精英，在大学期间除了读好本科课程外，亦应把握所有机会与同窗多交流，多沟通，以培养人际沟通技巧，学习聆听，也多表达意见。这些同侪间的互动、不断的切磋砥砺，对于培养个人自信心、提高分析和自省能力都有莫大裨益。

大学在现代已经逐渐发展成高等教育系统，由各种类型的高校组成，不同类型的高校的社会职能与社会定位、人才培养目标、对学生的要求、教育教学模式各不相同。就读不同的高校通常与不同的职业生

涯发展有着较为密切的联系。选择大学,应当是个人对大学意义与价值和自身发展设想充分认识基础上的理性判断。从一般意义上讲,今天的大学至少能为学习者提供以下服务。

——大学是探究未知世界的场所。具有好奇心的年轻人与致力于探究未知世界的教师结成共同体,大家志同道合,在满足好奇中推动人的发展和社会发展。这样的职能是其他社会机构无法替代的。

——大学是年轻人交往的地方。大学把四面八方、有着各种文化背景、生活体验与经历的学生汇集起来,让年轻人相互交往并且相互学习,为每一个学习者提供发现不同的交往伙伴的机会。这是一个人成长中极为宝贵的财富。

【领袖语录】
　　信仰比知识更难动摇;热爱比尊重更难变易;仇恨比厌恶更加持久。

——大学是实现学生身份到工作身份转化的必要预备。大学在帮助学生形成工作所需要的专业能力的同时,还应帮助他们完成"工作准备",形成个人就业的"配置能力"(个人在就业市场上发现机会、自我判断、抓住机会实现就业的能力)。大学对学生在心理、文化、人际交往、专业等方面的训练,正是为了能有这样的"配置能力"。这是推动学生转型为"职业人"的社会化过程。

——大学帮助年轻人获得安身立命的专业能力。高等教育往往决定多数人终身的专业方向和职业领域,它帮助学生形成专业化的劳动能力,在今天这样分工高度专业化的社会,专业教育具有关键作用。

做适应社会需要的人

现代大学将越来越难以提供人们曾经期待的那种"社会地位配置"作用,而"回归"教育机构的本质。所以,大学生要认真把握大学能提供什么和自己需要什么,在大学里努力提升综合素质和专业能力,给自己的未来加注尽可能多的"能源"。

随着世界格局的变化,特别是东西方阵营的瓦解和各国发展模式的调整。原有政治主导或经济主导的状况相应改变。大学的普及成为影响青少年发展的重要因素,也引起青少年组织与社团的高度重视。大学为青少年学习提供动力的同时,为青少年组织与社团开展各种服务、活动、教育提供了机遇。

领袖素质

　　超常的适应能力。领袖的路并不一定是一帆风顺的。有前呼后拥的壮观场面,也有独自一人的低谷阶段。能够适应时局的起落变化,不被挫折打倒,不被胜利冲昏头脑是领袖的生存之道。

伟人的性格特点

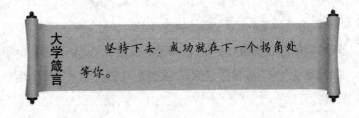

大学箴言

坚持下去，成功就在下一个拐角处等你。

非智力因素的作用

现代心理学研究表明，一个人的非智力因素(性格是其中一个重要方面)在一个人的成才中占有十分重要的作用。一个人具有优良而成熟的性格就能最大限度地发挥自己的精神力量，并能与环境中的他人建立和谐良好的关系。一个人的性格还是其自身品德、世界观的具体标志，是其精神面貌的综合反映和集中体现。

有人对享有盛誉、成就卓著的领导人的性格进行了研究，发现他们共同的性格特征是：实际、客观、求善、创新、坦诚、结交、爱生命、重荣誉、能包容、富有幽默感、悦己信人。这些性格特征是他们造福于人类的信仰的体现，对支持他们始终如一地为实现信仰而奋斗起了重大作用。

美国心理学家台尔曼对150名事业有成人士进行研究，发现性格因素与他们的成功有着密切关系。他们往往具有以下共同性格特征：第一，为取得成功的坚持力;第二,善于积累成果;第三,自信心强;第四,不自卑。考克斯对1450年至1850年400年间所出现的301位伟人进行研究,发现他们都有以下优秀性格特征:自信、坚强、进取、百折不挠等。

在社会实践中,对不同职业者还有不同的职业性格要求。例如,做医生要有严谨、认真、细心、安定的性格;做企业家要有独立、进取、坚强、开放、灵敏等性格;而作为军人就要有勇敢、坚强、果断、自制、机智等性格。不具备相应的职业性格特征的人,往往难称其职。

在日常生活和人际交往中,热情、真诚、友善的人受欢迎,生活也幸福;冷漠、虚伪、孤僻、不负责任的人受冷落,生活也多有不幸。

信念的作用

信念,是一种心理因素。信念领导力是战胜挫折、赢得机遇的前提,也是切实的方法。自信的人首先忠诚于自己的信念,这种信念融入你的言行、举止,让你的举手投足都在辅助你的语言所表达的信息,因而让人们相信你的能力和人格。作为一个领导者,信念坚定是战胜工作中的困难,力排干扰,把握时局,打开局面,果断决策和树立领导威望的一个重要的心理优势。

有了信念,才能以最佳心态开展工作、履行职责;有了信念,才能以饱满热情开创事业、完成使命。运动员在赛场比赛,要争得第一,争得一流,不可没有信念;求职者在人才市场应聘,要技压群芳,求得赏识,不可没有信念。一名领导干部,无论是作竞职演讲,还是就职表态,必须保持良好的心理素质和精神状态,以坚定的口气、热情的态度、积极的表现来赢得上级和群众的支持。

自信是一种认识和态度

自信是一种认识和态度,也通过人的风格来表现。美国形象设计大师鲍尔说:"成功男人的风格反映在外表,而优雅来自内在,它是你的自信及对自己的满意,它通过你的外表、举止、微笑展示。"自信并不一定是天生具有的,它可以通过后天的培养而产生。如果你在生活中认真观察,你会发现这种自信是有感染力的。

心理学家发现,外向的性格和信念是吸引和保持朋友的重要原因。由于自信,朋友和同事愿意跟随着你,上司也会对自信的人高看一眼。因为你具有自信的气势,让别人相信你能把任何事都变成现实。然而信念却不一定需要用语言来表达,它通过你的神态、语气、姿势、仪态等等,无声无息地、由里向外地散发着魅力。

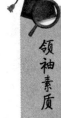

领袖素质

服务大众的态度。领袖并不一定要用暴力主宰一切,事实上暴力统治一般不能长久。长久的领导艺术需要懂得如何服务大众,满足大众。

大学为伟人提供了成才的环境

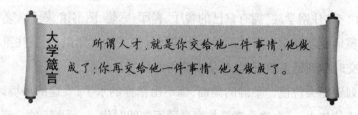

大学箴言

所谓人才，就是你交给他一件事情，他做成了；你再交给他一件事情，他又做成了。

　　环境对人的心理和行为具有普遍制约作用。系统论认为，环境是第一个在系统周围能够广泛产生作用的场所和条件。人的心理机能是对环境的长期适应的结果，人的心理和行为取决于当前的刺激、个性特征、整个环境及特征。同时，环境与人的心理和行为是相互作用的，这种关系不仅表现在人类生存的自然环境与人的心理与行为的相互作用，也表现在社会环境与人的心理和行为的相互作用，环境对人的心理、行为产生普遍的制约作用，人的心理、行为又导致环境的改变。

　　心理学家考夫卡在其《格式塔心理学原理》一书中提出环境分为现实的地理环境与个人意想中的行为环境，他认为行为产生于行为环境，受行为环境的调节。另一位心理学家勒温在《拓扑心理学原理》一书中提出

动力场理论,该理论中的生活空间是指人的行为,也就是人和环境的交互作用。勒温所指的环境是指心理环境,是与人的需求相结合在人脑中实际发生影响的环境,由于人的需求的作用,使生活空间产生了动力,勒温称为引力或斥力。由于生活空间具有的动力,人的行为就沿着引力的方向向心理对象移动。

大学为伟人们提供了一个"宽松"与"紧张"适度平衡的环境。大学的环境往往会创造出一种特有的氛围。耶鲁大学模仿英国牛津大学和剑桥大学的模式,从 20 世纪 30 年代开始实行的"住宿学院"制沿袭至今,每个"住宿学院"有 300～500 名本科生,男女比例对等,配有院长和学监各 1 名。12 个"住宿学院"拥有自己的餐厅、客厅、庭院、图书馆、娱乐室等。学校希冀借此使其学生所受的教育不仅仅局限于课堂知识,而且注重在起居社交时学到做人的道理,并从中获得终身的友谊。

列别捷夫曾说,"平静的湖面,炼不出精悍的水手;安逸的环境,造不出时代的伟人。"在这个高等教育良莠不齐的时代,一所真正的一流大学所能为国家和民族乃至整个社会做出的贡献是不可估量的。

领袖素质　　引导舆论的能力。不得不承认,所有的领袖都要有非常好的口才。他必须时刻掌握舆论导向,让思想意识统一在自己的领导方向上。在管理学中,领袖是人际角色中的一类,有着激励和指导团队成员的责任。

第一章　认识伏龙芝军事学院

伏龙芝军事学院是苏联培养诸兵种合成军队军官的高等军事学校，研究诸兵种合成战斗和集团军战设问题的科研中心，校址在莫斯科。1918年10月7日创办，原称工农红军总参学院，旨在从工农中培养具有高等军事文化程度的指挥干部。学院1998年已与其他院校合并更名为俄罗斯联邦武装力量合成军队学院，但人们仍习惯上称其为伏龙芝军事学院。

第一课　在硝烟炮火中诞生

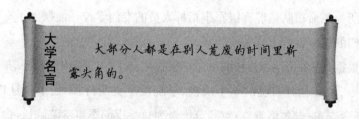

大学名言　　大部分人都是在别人荒废的时间里崭露头角的。

　　伏龙芝军事学院创建于战火纷飞的1918年12月8日，原称"工农红军总参谋部学院"。

　　1917年11月7日，俄国工人阶级和革命士兵在以列宁为首的布尔什维克党领导下，在当时的俄国首都彼得格勒发动武装起义，推翻了资产阶级临时政府，建立了世界上第一个无产阶级政权。被推翻的地主资产阶级并不甘心自己的失败，它们组织起白卫军与新生的红色政权进行武装对抗，梦想夺回已经失去的天堂。世界各主要资本主义国家也不

愿意看到苏维埃俄国的诞生和壮大，它们有的积极支持白卫军挑起内战，有的干脆直接派兵武装干涉，企图将年轻的共和国扼杀在摇篮之中。

18世纪初叶，俄国彼得一世实行军事改革，就已经建立了军事指挥机关陆军院和海军院，兴办了工程、炮兵学校，在俄军历史上首次规定贵族子弟必须军校毕业，才能晋升为军官。一些有名的军事家都是走的这条路。"谁的拳头硬，谁就是老大"，一些国家奉行这种强盗逻辑和战争政策。有没有一支强大的军队，有没有能够不断培养出优秀军事人才的军事院校，成为国之大政。在反对外国武装干涉的严酷战斗中，布尔什维克党认识到，要想顺利粉碎国际帝国主义的侵略，光靠赤卫队员和革命士兵是远远不够的，必须建立一支新型的、正规的、强大的社会主义军队。因此，开办一所为革命军队培养高级军事指挥人员的专门学校，便摆到了军事决策部门的议事日程上来。

根据列宁的指示，共和国革命军事委员会于1918年10月7日发布第47号命令，决定创办自己的军事院校，学院设于莫斯科，不迟于11月1日开学，任命安东·卡尔洛维克·克利莫维奇为总参谋部军事学院院长。命令同时规定总参谋部军事学院施训应遵循下列基本原则："不仅应进行高等军事教育和全面专业教育，而且还应进行范围广泛的普通教育，以使学院毕业学员能胜任参谋和指挥职务，能对政治生活、社会生活和国际政治的所有问题做出反应。"经过几个月的紧张筹备，苏维埃共和国第一所高等军事院校——工农红军总参谋部军事学院于1918年12月8日正式开学。在当日举行的建校典礼上，全俄中央执行委员会主席、列宁的亲密战友斯维尔德洛夫代表党中央发表了讲话，他指出："学院的宗旨是从工农群众中培养具有高等军事文化程度的指挥干部，培养政治合格、军事过硬的苏维埃军事干部。"

【成长箴言】
对于不屈不挠的人来说，没有失败这回事。一次失败，只是证明我们成功的决心不够坚强。失败也是我需要的，它和成功对我一样有价值。

1919年的4月19日，学院为首批250名学员举行了隆重的毕业典礼，列宁到会并讲话。他在讲话中指出："我们的军队是一支正规的、按照无产阶级原则建立起来的、严格统一指挥的军队。你们应巧妙地运用学到的知识,不懈地加强军队纪律,组织司令部工作,千方百计地使红军和我们的党以及人民心心相印。"新成立的工农红军总参学院在整个国内战争和反对外国武装干涉期间,为作战前线输送了数百名经过培训的指挥人员和参谋人员。他们为建立和巩固红军,为保卫年轻的苏维埃共和国起到了至关重要的作用。

1921年8月5日,奉共和国革命军事委员会之命,总参军事学院易名为"工农红军军事学院",由图哈切夫斯基元帅担任院长。附设高级速成班,培训高级指挥人员。此外,以该院为基地,在不同时期还开办过一些高级军政训练班。

1924年4月,列宁的亲密战友、著名的苏联党务和国务活动家、军事家、卓越的军队统帅和军事理论家、苏联武装力量的缔造者之一——伏龙芝元帅出任学院院长一职。在他的领导下,学院健全了体制,改革了教学大纲和教学方法,废弃了不必要的科目,加强了野外作业,发展了军事科学研究工作,活跃了军事科学协会和研究生班的活动。伏龙芝的改革对学院的发展起到了承前启后的作用,为学院建设做出了突出贡献。

1925年11月,在伏龙芝逝世后,全院人员请求苏联革命军事委员会以他的名字为学院命名。为了纪念这位功勋卓著的红军领导人,同年11月5日,也即十月革命8周年纪念日前夕,经最高统帅部批准改名的请示后,苏联革命军事委员会发布命令,决定以伏龙芝的名字来命名这所学院,改名为工农红军伏龙芝军事学院。随后,学院根据部队的实际需要,陆续开设了坦克和炮兵课程,并建立了防空系。

1941年,学院迁往塔什干,开设了干部培训速成班。1943年,伏龙芝军事学院从塔什干迁回莫斯科,并重新开发了基本系,学制改为3年。1947年,学院恢复了研究生制度。伏龙芝军事学院于1922年获红旗勋章,1943年获列宁勋章,1945年获苏沃洛夫勋章,1978年获十月革命勋章。该院还荣获了"伏龙芝红旗军事学院"的称号。

【成长箴言】

从不浪费时间的人,没有工夫抱怨时间不够。时间是我的财产,我的田亩是时间。合理安排时间,就等于节约时间。

　　1992年,学院改名为俄罗斯伏龙芝军事学院。苏联解体后,根据俄罗斯军队2000年军队改革计划,1998年学院与装甲兵军事学院和射击高级军官进修学校合并为俄罗斯联邦武装力量合成军队学院。

　　在俄罗斯武装力量合成军队学院走过的历程中,其中在1936年以前,它是苏联红军唯一的一所培养军队高、中级指挥和参谋人才的高等军事院校。当红军总参军事学院成立后,它才改为只培养中级指挥和参谋人员。尽管如此,它一直招收的是苏联陆军中受过高等军事教育的营以上军官,然后将它的毕业生输送到部队师、团级指挥岗位或担任参谋职务。

　　在苏联时期,伏龙芝军事学院被称为苏军指挥军官的摇篮,为社会主义苏联培养了数以万计的军官。而且,无论过去和现在,它都是苏军和今天俄军的军事科学研究中心之一,主要担负合成战斗和集团军战役研究任务。因此,它的影响力不仅是部队指挥官方面,更主要的是它的军事思维影响力方面。一方面,它通过大量的对抗性教学,使学员在具备相当军事素质的基础上,进一步提高了指挥方面的素质;另一方面,它的科研环境和教员的理论素质对学员的影响是潜移默化的,使他们在"伏龙芝学院"军事思维的指引下,终生受益。我国的学员到该校后,竟然发现俄军中的许多第一线的军长都愿意到这儿任教当教员,可见这里的影响力。

　　伏龙芝军事学院的历史与苏联武装力量的建设和巩固、与苏联人民为争取祖国自由和独立的斗争,不可分割地联系在一起。两位资格最老的布尔什维克扎列日斯基和科兹格夫斯基曾是学院首任政治委员。首批学员中有许多人是直接从国内战争前线调来学习的,其中有天才的指挥员德边科、科夫秋赫、科夫绍夫、库佳科夫、费季科、恰帕耶夫(夏伯阳)等人。

　　学院是在复杂的条件下创办的,是在年轻的苏维埃共

和国与白匪和武装干涉者激烈搏斗、国内形势极其困难的情况下开始教学的。国内战争时期，经常有大批或单个学员被派往武装斗争最紧张的地方。在欢送学院毕业生和学员奔赴前线的隆重集会上，常有苏维埃共和国著名的党务和国务活动家出席。1919年4月19日和6月14日，列宁两次亲临学院，对开赴东方面军、西方面军和南方面军的学员发表了热情洋溢的临别赠言。列宁一向十分关心学院的活动，经常给以多方面的支持。国内战争时期，有三分之一的学员因积极赴前线作战而荣获红旗勋章。党组织在学院生活中发挥了巨大作用，共产党员在教学和军事学术活动中都起了先锋作用。

大学小百科

　　伏龙芝军事学院在世界上享有很高的声誉，这是因为它在80年的历史中培养出了很多出类拔萃的军事人才，如赫赫有名的朱可夫元帅、科涅夫元帅、崔可夫元帅等都是该院的毕业生。我军中也有些高级将领毕业于此，如刘伯承元帅、八路军副总参谋长左权将军和原空军司令员刘亚楼上将等。

第二课　校名的来历

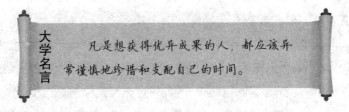

大学名言

凡是想获得优异成果的人，都应该异常谨慎地珍惜和支配自己的时间。

　　伏龙芝军事学院其实是以伏龙芝的名字命名的。那么伏龙芝是何许人也？为什么要用他的名字命名呢？伏龙芝是苏联国内战争中最著名的红军统帅之一。他1885年生于吉尔吉斯苏维埃社会主义共和国皮什佩克城（今吉尔吉斯斯坦伏龙芝市），1914年加入苏共，是著名的苏联党务和国务活动家、军事家、卓越的军队统帅和军事理论家。

　　1918年8月，他正式被任命雅罗斯拉夫军区的军事委员，同时12月，又被任命为第4军司令员。1919年春，盘踞在西伯利亚的沙俄海军上将高尔察克以20万兵力越过乌拉尔山向莫斯科推进时，他率领东方战线南方集团军组织起对高尔察克的反攻。1919年8月，他又改任土耳克斯坦战线司令部，肃清了当时的反革命武装。以后，他又转战于南方战线，一次又一次地击溃了协约国的武装干涉军。其中最著名的一仗，就是克里木战役。弗兰格尔残部凭借彼列科普地峡的天然地形，请法国军事专家修筑了坚固的工事，吹嘘这里是第二个凡尔登，是不可攻破的。但是，战斗中，伏龙芝奇兵突起,强渡锡瓦什海峡成功,一切神话都破灭了。列宁对这次战役评价很高,认为"这次胜利是红军史上最光辉的一页"。为了表彰他的功绩,苏维埃政府授予他荣誉革命武装——一把带有"人民英雄"题词的军刀。

【成长箴言】

什么叫做失败?失败是到达较佳境地的第一步。失败是坚忍的最后考验。

自此以后,伏龙芝历任军职。1924年3月被任命为苏联革命军事委员会副主席,陆海军副人民委员,并兼工农红军总参谋长,军事学院院长(后该军事学院以他的名字命名,即伏龙芝军事学院)。1925年1月,任苏联革命军事委员会主席,陆军、海军人民委员。

伏龙芝来到学院后,首先进一步明确了学院的培训目标。他要求学员不仅要掌握军事技能,还要不断提高自己的思想理论水平。为适应世界军事的发展,伏龙芝对学院的组织结构、训练内容、训练方法和训练体制进行了大刀阔斧的改革。作为杰出的军队统帅和军事理论家,伏龙芝非常重视在军事学术重要原理方面统一认识的问题。他不仅专门撰文指出统一军事学说、统一军事学术基本观点的重要性,而且在统一学院的训练方针、统一作业内容及其实施方法方面做了大量的工作。这为院校教学、部队训练乃至整个武装力量的建设打下了坚实的基础。

伏龙芝患有胃溃疡,经过食疗后在1925年秋天基本没有复发过,但是医生的两次会诊都认为他应该手术。他认为不用手术,但是斯大林坚持让他去做手术,说这可以"一劳永逸"地摆脱胃溃疡。手术开始后医生果然发现没有必要手术,因为没有发现任何溃疡。但是由于伏龙芝的心脏承受不了因麻醉

效果不好而增加一倍的氯仿的剂量(当时已有更好的药乙醚,但没有给他使用),他在手术30个小时后死于心脏麻痹。当时斯大林正进行反托洛茨基反对派的斗争,而伏龙芝接替了托洛茨基的军队职务。伏龙芝死后,接替他被任命为陆海军人民委员的是忠于斯大林的人伏罗希洛夫。在哀悼这位深受全院爱戴的院长的日子里,全院人员请求苏联革命军事委员会以他的名字为学院命名。委员会批准了这一请求。工农红军军事学院从此更名为伏龙芝军事学院。

大学小百科

伏龙芝军事学院是俄军一所合成军队指挥学院,校址在俄联邦首都莫斯科。该学院创建于 1918 年,是苏联十月革命后第一所高等军事学院。最初称为工农红军总参谋部军事学院,1921 年改名为工农红军军事学院,1925 年起称为工农红军伏龙芝军事学院,1992 年改称俄武装力量伏龙芝军事学院。

伏龙芝军事学院
FULONGZHI JUNSHI XUEYUAN

第三课　伏龙芝军事学院名人榜
——朱可夫元帅

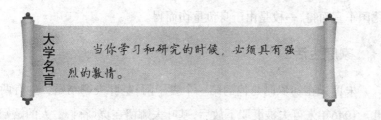

大学名言

当你学习和研究的时候，必须具有强烈的激情。

生平简介

格奥尔吉·康斯丁诺维奇·朱可夫（1896年12月1日至1974年6月18日），苏联军事家，苏联元帅。1943年1月18日，朱可夫被授予苏联元帅军衔，是苏德战争中继斯大林后第二位获此殊荣的苏军统帅，因其在苏德战争中的卓越功勋，被认为是第二次世界大战中最优秀的将领之一，也因此成为仅有的4次荣膺苏联英雄荣誉称号的两个人之一。他是一个值得纪念的民族英雄。

朱可夫1896年12月1日（俄历11月19日）出生在卡卢加省特列尔科夫卡村

【元帅语录】

　　青年人首先要树雄心，立大志，其次就要决心为国家、人民做一个有用的人才；为此就要选择一个奋斗的目标来努力学习和实践。

的一个贫苦家庭里。父亲康·安德烈维奇是鞋匠，母亲是乌·阿尔捷耶芙娜，在农场干活。他有一个姐姐。全家四口只有一间房屋，生活十分艰苦。童年时，朱可夫在一所教会小学读书。毕业后，父亲便带他到莫斯科去学手艺。他在舅舅皮利欣的毛皮作坊里当学徒。工作很累，但他坚持自学，夜间凑近厕所里的暗淡的电灯做功课。1913年他参加市立中学全部课程考试，取得合格的成绩。1915年8月，朱可夫应征入伍，进入骑兵部队，参加了第一次世界大战。他在前线和德国人打了近两年的仗，被提升为下士，获得两枚格奥尔吉十字勋章，一枚是因为俘虏了一名德国军官而得，一枚是由于身负重伤而得。

家庭生活

　　朱可夫在28岁时与他的第一个妻子阿·基叶夫娜结婚，生有两个女儿。1946年朱可夫被贬职下放后，基叶夫娜留在莫斯科，二人的婚姻事实上已名存实亡。1965年1月，朱可夫终于得以与女军医加丽娜·亚历山大罗夫娜正式登记结婚。

　　朱可夫在乌拉尔军区司令员任上，健康状况一度不佳，军医加丽娜·亚历山大罗夫娜被派来照顾他。加丽娜为人正直，善良热情，又年轻漂亮，朱可夫很喜欢她，常常与加丽娜谈话，了解她的家庭和经历。日久天长，爱情在著名元帅和女军医心中萌生了。1950年加丽娜将自己的一生托付给朱可夫，此后与他共同生活了24年。无论朱可夫荣辱浮沉，她都对朱可夫忠贞不渝，甘苦与共，使长期处于逆境中的朱可夫甚感欣慰。朱可夫生于1896年，加丽娜生于1927年，二人年龄相差31岁，但二人的爱却非同寻常。1957年，他们有了女儿玛莎。

英勇作战，步步晋升

　　十月革命爆发以后，朱可夫参加了红军，加入莫斯科骑兵第1师第4

团。1919年3月1日,他被吸收参加苏联共产党(布尔什维克)。在保卫年轻的苏维埃共和国、同国内外敌人进行战斗的年代里,他迅速成长为一名优秀的红军指挥员。他和乌拉尔河流域的哥萨克白军作过战,同邓尼金和高尔察克的白军交过手,参加了消灭安东诺夫匪帮的战斗。他在察里津战役中左脚和左胁受伤。在捷普娜娅火车站一战中受到严重震伤。国内战争结束时,他已经升为骑兵连连长。

1923年4月,年仅26岁的朱可夫被晋升为骑兵第39团团长。1924年7月,他以优异成绩考入列宁格勒高等骑兵学校,获得进修深造的机会。他以"狂热的顽强性"投入学习。无论是在室内进行图上作业,还是在野外进行战术演练,他总是兢兢业业、刻苦钻研。他还利用节假日踏勘列宁格勒附近地形。结业时,他不坐火车,骑马返回部队,历时7昼夜,行程963公里,对列宁格勒至明斯克一带的地形进行了勘察。

1924年到1930年间,朱可夫又进入著名的莫斯科伏龙芝军事学院高级进修班深造。他当时的同学、著名的军事家、后来成为苏联元帅的巴格拉米扬回忆道:"朱可夫在我们中间称得上出类拔萃,他不仅果敢顽强,而且足智多谋,有见地。学习期间,他常常提出一些我们料想不到的观点,令

人拍案叫绝。他的见解总会引起很大的争议，但他又总能运用新奇的逻辑加以论证……"朱可夫于1931年2月晋升为骑兵第2旅旅长，1932年2月被任命为骑兵总监部副总监，1933年3月任骑兵第4师师长，1937年秋到1938年春为骑兵第3军、第6军军长，1938年在中国任短时间军事顾问后升为白俄罗斯特别军区副司令员。

对日作战，初露锋芒

1939年9月，日军在哈拉哈河地区进行武装挑衅，远东形势紧张。朱可夫被任命为驻蒙苏军第1集团军司令员，指挥对日作战。他在短时间内成功地组织和实施了哈勒哈河战役，以伤亡9000人的较小代价，取得歼敌5万余人的巨大胜利。在这一仗中，朱可夫初露锋芒，表现出他高超的指挥才能和组织能力。他善于协调步兵、炮兵、坦克兵和航空兵的行动，大胆实施迂回包围，出其不意地歼灭敌军主力。他的集中使用坦克的理论也在实战中得到印证。朱可夫凯旋莫斯科，受到举国赞扬，荣膺"苏联英雄"称号。1940年5月，他提前晋升为大将，不久被任命为苏联最大的军区基辅特别军区司令员。1941年1月11日，朱可夫担任了苏军总参谋长。这时国际局势已趋紧张。朱可夫遵照苏共中央的指示，着手进行苏军的改编工作，改进军事训练，加强备战。

基辅战役，降至司令

1941年6月22日，德国撕毁《苏德互不侵犯条约》，出动550万军队入侵苏联。德军分三路进攻，北进列宁格勒，中进莫斯科，南进基辅。苏军仓促应战，损失惨重，未能挡住德军，丢城失地。德军3周内推进300~600公里。7月下旬，南进德军距基辅仅15~20公里。斯大林下令死守基辅。总参谋长朱可夫力主放弃基辅，将西南方面军撤到第聂伯河对岸，以避免被德军合围，保存实力，再图反攻。斯大林拒不接受总参谋长朱可夫的建议，解除了他的总参谋长的职务，降任他为预备队方面军司令员。两个月后，西南方面军被德军合围于基辅地区，斯大林方认识到朱可夫的主张是正确的，但是为时已晚，西南方面军70万人全被围歼，基辅陷落。

【元帅语录】
　　现在，我怕的并不是那艰苦严峻的生活，而是不能再学习和认识我迫切想了解的世界。对我来说，不学习，毋宁死。

斯摩棱斯克会战，重返前线

　　朱可夫是在1941年7月31日接手指挥预备队方面军的。这时，中路德军已攻占斯摩棱斯克，切断明斯克—莫斯科公路，完成对苏军第16、第20和第19三个集团军共12个师的全部合围。苏军增调20个师，从罗斯拉夫利和别雷发动进攻，欲图夺回斯摩棱斯克，未获成功。苏第16、第20集团军突围也未成功。苏最高统帅部将朱可夫的预备队方面军投入斯摩棱斯克会战，命令朱可夫夺回叶利尼亚突出部。朱可夫用第24集团军的10个师于8月30日发起进攻，9月8日收复叶利尼亚突出部，并向西推进了25公里。这是斯摩棱斯克会战中苏军唯一取胜的一次战役。此役之后苏军三个方面军全部转入防御。斯摩棱斯克会战告一段落。

　　斯大林对朱可夫在叶利尼亚突出部取得的胜利十分满意。他召见朱可夫，问他有何打算。"重返前线！"朱可夫回答。斯大林命令他立即前往陷入德军重围的列宁格勒，接任列宁格勒方面军司令员，指挥部队全力保卫列宁格勒。9月10日，朱可夫飞往列宁格勒。

一下飞机,他便径直赶往列宁格勒方面军军事委员会所在地斯莫尔尼宫。朱可夫的到来打断了方面军军事委员会会议,人们正在讨论列宁格勒一旦失守将怎么办。朱可夫同原司令员伏罗希洛夫的指挥权交接没用上什么特别手续。朱可夫只是将斯大林的便条交给了伏罗希洛夫。便条写道:"把方面军司令部交给朱可夫,您本人马上飞回莫斯科。"朱可夫随即用专线电话向最高统帅部报告:"我已经接管了司令部。"

守护列宁格勒

朱可夫领导下的方面军军事委员会做出的第一个决定是:即使战至最后一人,也要守住列宁格勒。朱可夫的口号是:不是列宁格勒惧怕死亡,而是死亡惧怕列宁格勒。永远不要考虑列宁格勒一旦失守怎么办,列宁格勒不能失守!朱可夫迅速调整了部署,采取了种种有效的防御措施。他将高炮部队调到乌里茨克—普尔科沃等高地,用高炮打坦克。他还将包括舰炮在内的各种大炮集中在关键地区,统一使用。9月14日,朱可夫用专用电话向莫斯科报告:"截至今天傍晚,我军在敌人前进道路上构置了炮火系统,其中包括舰炮、高射炮和其他大炮。我们现在正把迫击炮也集中起来。我想明天早晨,我们可以在主要方向形成密集的炮火屏障以便与步兵协

同。步兵已在今天部署在上述防线……"

此时德军认为列宁格勒已唾手可得。柏林的战报宣称:"列宁格勒的包围圈越缩越紧,该城的攻陷指日可待。"哈尔德在9月12

日的日记中写道："'北方'集团军群进攻列宁格勒取得了巨大成功。敌人被削弱……"但是列宁格勒的英雄保卫者挡住了德军的疯狂进攻，著名政论家索尔兹伯里在其《九百天》一书中对朱可夫指挥列宁格勒方面军的那一时期写道："如果德国人被阻滞，那就达到了目的，为他们放了血。在那9月的日子里，他们有多少人被炸死，任何人任何时候也说不清。乌里茨克附近流着一条溪流，被德国兵的鲜血染红了数日"，"是朱可夫的意志阻挡了德国人吗？""在9月的日子里，他是可怕的，没有别的词汇，只能用'可怕的'一词来形容他。"朱可夫和列宁格勒的保卫者们完成了最为艰巨的任务，他们守住了列宁格勒，城市面临的直接威胁消除了。

朱可夫后来在一篇文章中写道："我们所有参加9月保卫列宁格勒战斗的人，都经历了许多艰难的日子。但我们的部队终于粉碎了敌人的计划。由于苏联士兵、水兵和基层军官史无前例的坚韧不屈和群众性的英雄主义，由于指挥员和政工人员的坚韧性和坚定性，敌人在攻打列宁格勒的道路上遇到了不可逾越的障碍。到了9月底，我们方面军所有地段上的战斗激烈程度都明显减弱，整个战线稳定下来。"10月6日晚，斯大林给朱可夫打电话，询问列宁格勒的情况。朱可夫报告说，德军的进攻已被遏止，因伤亡惨重而转入防御。朱可夫还报告说，德机械化部队和坦克部队正在由列宁格勒往南大规模运动，显然是被调往莫斯科。听完朱可夫的报告，斯大林沉默了一会儿，然后说道，莫斯科方向，特别是西方面军正在出现严重局势。他对朱可夫说："你将列宁格勒方面军交给参谋长霍津将军，然后乘飞机来莫斯科。"

保卫莫斯科

1941年10月7日黄昏，朱可夫飞抵莫斯科。他立即前往克里姆林宫。斯大林独自一人在办公室里。他同朱可夫打过招呼后，便指着地图开门见山地说："你瞧，这里的情况很严重，而我又无法得到西方面军的真实情

【成长箴言】

当你手中抓住一件东西不放时，你只能拥有这件东西，如果你肯放手，你就有机会选择别的。人的心若死执自己的观念，不肯放下，那么他的智慧也只能达到某种程度而已。

况的详细报告。我们不知道敌人进攻的地点和兵力，也不知道我军的状况，因此难以做出决定。你马上到西方面军司令部去，弄清战局，随时给我打电话，我等着。"此时局势确实十分严重。德军已开始实施进攻莫斯科的"台风"作战计划。在9月底，德军北翼围困了列宁格勒，南翼占领了基辅，中央攻占了斯摩棱斯克，距莫斯科仅300~400公里，德军统帅部制定了"台风"作战计划。德军企图从北、西、南三个方面分割围歼苏军主力于维亚兹马和布良斯克地区，然后从南北两个方面向莫斯科迂回，入冬前攻下莫斯科。为此，德军集结了"中央"集团军群所辖3个集团军和3个坦克集群以及第2航空队，共78个师，180万人。希特勒在给各部队的命令中说："进行最后一次打击的条件终于成熟。这一打击应在冬季到来前置敌于死命。"苏军最高统帅部在莫斯科以西建立了纵深300公里的三道防线。进行防御的是西方方面军、布良斯克方面军和预备队方面军所辖的15个集团军和1个战役集群共125万人。

9月30日，古德里安的第2坦克集团军首先向布良斯克方面军实施突击。10月2日，德军主力在维亚兹马方向发起进攻。在战斗开始后一星期内，德军突破苏军第一道防线，将布良斯克方面军编成内的3个集团军合围在布良斯克地区，将西方方面军和预备队方面军编成内的4个集团军合围在维亚兹马地区。苏军多次实施突围，但除一小部分突围成功外，大部被围歼。据德军称，两地区苏军损失65万人。朱可夫奉斯大林之命于10月7日深夜到达西方面军司令部了解战况。他很快摸清情况。10月8日深夜2时半,他向斯大林报告,主要危险在防御薄弱的莫扎伊斯克一线,敌人的坦克可以突然冲往莫斯科,必须尽快往这一线调集部队。10月9日晚,斯大林决定将西方方面军和预备队方面军合并,由朱可夫指挥。10月10日,朱可夫被任命为新整编的西方方面军司令员。朱可夫清楚地认识到,"实际上,担负着保卫莫斯科的历史重任的是重新组建的西方方面军"。朱可夫将已被冲垮而各自为战的西方方面军各部集结起来,据守呈弧形的图尔吉诺夫—沃洛科拉姆斯克—多罗霍夫—纳罗福明斯克—谢尔普霍夫一线,顽强抵抗德军的突击。德军的进攻速度急剧下降。11月1日,斯大林问朱可夫,形势是否允许莫斯科举行十月革命节阅兵式。朱可夫做了肯定的回答。11月7日清晨,红场上举行了隆重的阅兵仪式,全副武装的红军威武地走过红场,直接开赴前线。这次阅兵式向世界宣告,莫斯科是不可战胜的,苏军必将打败法西斯侵略者。

粉碎德国野心

11月中旬,德"中央"集团军再次向莫斯科发起大规模进攻。德军两个快速集团军分别从北面的克林和南面的图拉对莫斯科采用深远的迂回突击,企图在莫斯科以东完成合围。同时,德军在正面继续实施强攻,以图在莫斯科以西歼灭西方方面军主力。北路德军于11月23日占领克林,12月初进抵距莫斯科西北郊不到30公里的亚赫罗马。

11月底和12月初,苏军以3个集团军的兵力多次进行反击,终于挫败北路德军的进攻,使之转入防御。南路德军于12月初进攻图拉,也被苏军击退。在西方方面军的正面,德军进攻受阻,被迫退至库宾卡以北、纳罗福明斯克以南一线。德军三路进攻均受挫折,已成强弩之末。由于补给线拉得太长,运力不足,人员和武器装备供应不上,且无严寒条件下作战的准备,部队大量减员,士气下降,德军处于十分被动的地位。而苏军则越战越强,转入反攻的条件日益成熟。11月5日,加里宁方面军开始对北路德军实施突击;6日,西南方面军开始对南路德军实施突击。12月

【成长箴言】
人生太短,要干的事太多,我要争分夺秒。

6日,朱可夫的西方方面军开始对正面之敌实施攻击。进攻发展顺利。德军遭受严重打击。

12月8日,希特勒下令在包括莫斯科方向在内的整个苏德战场,全线转入防御。但是德军已无力坚守防线,被迫向西退却。12月13日,苏联宣布,红军粉碎了德军包围莫斯科的狂妄企图。苏联各报刊纷纷登载前线胜利的消息和指挥作战的苏军将领的照片。朱可夫的照片被排在报纸头版最显著的地方。1942年1月8日,苏军实施总攻。4月20日,苏军向西推进了100~350公里,解放了莫斯科州、加里宁州、图拉州全部和奥廖尔州一部分地区,歼敌50余万。此后苏军转入防御。莫斯科会战以苏军的胜利而告终。

苏军在莫斯科会战的胜利,宣告了希特勒"闪击战"的破产,扭转了苏德战场的形势,给苏联人民和各国人民以巨大的鼓舞。朱可夫在莫斯科会战中建立了不朽的功勋。英国军事史家西顿在其《莫斯科会战》一书中称赞朱可夫是一个"天赋极高,精力极旺盛的人物"。斯大林在1945年5月25日的一次庆祝宴会上说:"祖国和党永远不会忘记苏军部队指挥员们在我们卫国战争中所起的作用。这些赢得胜利、拯救祖国的将军们的名字,将永远铭刻在历史在这些战场上树立的记功碑上。在这些战场中,有一个战场特别重要,这就是苏联首都莫斯科大会战的战场。朱可夫同志的名字将作为胜利的象征,不可分割地和这个战场联系在一起。"

"天王星"作战

莫斯科会战以后,希特勒被迫放弃全面进攻的计划。1942年夏集结重兵于苏德战场南部,向高加索和斯大林格勒实施重点进攻,企图攫取石油、煤、粮食等重要经济资源,切断伏尔加河水运干线,进而北取莫斯科。德军在斯大林格勒方向投入了"B"集团军群,共71个师。苏军保卫斯大林格勒的是新组建的斯大林格勒方面军,编成内有9个集团军。

7月17日,德军保卢斯上将的第6集团军首先发起进攻。7月23日、26日,德军北、南路先后开始进攻,8月17日攻占顿河西岸全部地区,苏军退至斯大林格勒外围组织防御。8月18日,保卢斯的部队已经抵该城接近地,斯大林格勒在危机中。8月27日,斯大林将在波哥烈洛耶·哥罗迪舍指挥作战的朱可夫召回莫斯科,告诉他南方形势很糟,德军有可能攻占斯大林格勒。斯大林通知他,国防委员会已决定任命他为最高统帅部副统帅,并派他到斯大林格勒。8月29日中午,朱可夫到达小伊凡诺夫,与斯大林格勒方面军领导一起研究和制定了当前的防御和以后的反攻计划。9月12日,苏军全部退守市区围廓,外围防御地带丧失殆尽,战线离市区只有2～10公里。9月13日,德军突入市区。苏军与德军展开逐街逐房的战斗,德军每前进一步都付出了惨重的代价。苏军浴血苦战,死不弃城。

这时,朱可夫和总参谋长华西列夫斯基大将向最高统帅部提出一个反攻计划,主张将德军的进攻集团紧紧地钳制在斯大林格勒城下,在其两翼实施强大突击,建立起对德军斯大林格勒集团合围的对内正面,和保障消灭被围集团的对外正面。计划代号为"天王星"。此后的两个月,朱可夫极度紧张,亲自抓"天王星"作战的准备工作,同时参与保卫斯大林格勒的指挥工作。9月末,斯大林格勒方面军改称为顿河方面军,朱可夫

【元帅语录】
要想一下子知道,就意味着什么也不知道。

推荐罗科索夫斯基中将（1943年1月15日晋升为上将）接替戈尔多夫中将任司令员。

11月13日，苏军最高统帅部批准实施"天王星"反攻计划。11月19日和20日，苏军西南方面军和顿河方面军从谢拉菲莫维奇和克列茨卡亚一线，斯大林格勒方面军(新组编)从萨尔平斯耶湖一带先后发起进攻，于11月23日在卡拉奇以东的苏维埃村会师，合围了德军第6集团军全部和坦克第4集团军部分兵力共22个师，约33万人。希特勒为解救被围德军，临时组成了科捷利尼科夫斯基和托尔莫辛两个突击集团，企图从西南方向打开一条通路，未获成功。1943年1月10日，苏军对被围德军发起总攻。1月25日，苏军进攻部队冲进市区，与坚守城区的苏军会师。2月2日，被围德军全部被歼。斯大林格勒会战以苏军的辉煌胜利而告结束。

战功赫赫，震慑斯大林

"斯大林格勒地域的会战是极其激烈的，"朱可夫写道，"我个人认为只有莫斯科会战能与之相提并论……敌人在顿河、伏尔加河、斯大林格勒地域共损失150万人，3500辆坦克和强击炮，1.2万门火炮和迫击炮，3000架飞机和大量其他技术兵器。"

苏军在斯大林格勒的胜利，极大地鼓舞了苏联人民和全世界反法西斯力量，使轴心国内部出现严重危机。从此苏军从战略防御转入战略进攻，苏德战争和第二次世界大战开始转折。关于这次战役，朱可夫还谈到："在这里，在组织反攻的过程中，我取得了比1941年在莫斯科地域多得多的实际经验。因为当时我军在莫斯科兵力有限，不足以实施旨在合围敌集团军的反攻。"

朱可夫因斯大林格勒一役的卓著战功而第一个被授予一级苏沃洛夫勋章（以俄国伟大统帅苏沃洛夫命名的勋章，是当时苏联最高的军功勋章）。朱可夫在这场规模宏大的会战中所显示的统帅才能闻名天下。美国研究人员索尔兹伯里在《朱可夫指挥的几次

大会战》一书中写道："在生死攸关的时刻，斯大林再次求助于朱可夫。斯大林格勒的命运系于一发，甚至连全体俄国人的命运都寄托在朱可夫一人身上。此前，莫斯科会战已经使朱可夫成为民族英雄……斯大林格勒战役之后，谁也不再怀疑，俄国由于有朱可夫做自己军队的统帅，终将战胜德国。"

打破列宁格勒封锁

斯大林格勒城下的炮声尚未完全停止之时，朱可夫又接到新的命令：前往列宁格勒，协调各方面力量，粉碎德军对这座英雄城市的封锁。1943年1月12日，列宁格勒方面军由西向东，沃尔霍夫方面军由东向西，对什利谢利堡—锡尼亚维诺突出部的德军发起相向突击。德军进行了顽强的抵抗。苏军连续不断地进攻了7昼夜，终于突破德军防线。两个方面军在第一和第五工人村胜利会师，打破了德军对列宁格勒的封锁，恢复了列宁格勒与苏联内地的陆上联系。

"这时，在第一工人村里，"朱可夫写道，"我看到突破封锁的两个方面军的战士无比高兴地相互朝着对方奔去。他们全然不顾敌人炮兵从西纳夫斯基高地打来的排排炮弹，紧紧地拥抱在一起。这

【元帅语录】

要循序渐进。不去读书就没有真正的教养，同时也不可能有什么鉴别力。

【成长箴言】

　　生命是以时间为单位的,浪费别人的时间等于谋财害命,浪费自己的时间等于慢性自杀。

的确是企盼已久的幸福时刻。"

　　也就是在这一天,1943年1月18日,朱可夫被授予苏联元帅军衔,是苏德战争中第一位获此殊荣的苏军统帅。他是在战场上知道这一消息的,当时他正像普通士兵那样行进在战斗队列里。

库尔斯克战役

　　此时,朱可夫的主要注意力集中到库尔斯克突出部。斯大林格勒会战后,苏军将战线向西推进600公里,在库尔斯克附近形成一个突出部,其北翼的根部为奥廖尔,南翼根部为别尔哥罗德。希特勒企图夺取库尔斯克,重新打开通往莫斯科的道路,夺回战略主动权。德军计划以第9集团军和第4集团军等部队分别从奥廖尔和别尔哥罗德实施南北夹击,合围和歼灭库尔斯克突出部的苏军。

　　1943年3月中旬,朱可夫来到库尔斯克城,迅速查明了德军的进攻企

图。4月20日,他回莫斯科向最高统帅部建议,苏军暂不转入进攻,而以优势兵力进行防御,在阵地上疲惫和消耗敌人,然后再投入精锐预备队,转入反攻,最后歼灭德军主力。最高统帅部采纳了朱可夫的建议,下令按此迅速准备库尔斯克战役。

　　德军计划在5月初开始进攻,但因兵力不足,新式"虎式"和"豹式"重型坦克尚未装备到部队,因而几次推迟进攻时间,苏军得以有更充裕的时间组织这一战役。

　　1943年7月5日凌晨2时,中央方

面军司令员罗科索夫斯基大将请示朱可夫：据德军俘虏供称，德军再过一小时将发起进攻，是先报告最高统帅，还是立即实施炮火反准备。情况紧急，不容迟疑，朱可夫当机立断，指示罗科索夫斯基立即下令开炮。20分钟后，苏军对已进入出发阵地的德军实施猛烈的炮火反击。德军遭受严重的损失，进攻推迟3个小时。德军进攻进展十分缓慢，很快便完全停了下来。面对苏军的打击，德军临时将计划改为强攻。德军投入560辆坦克，而苏军投入了850辆坦克。德军以每平方千米150辆坦克的密度冲锋。而朱可夫大量使用T-34出其不意地冲入德国坦克群，进行了一场坦克肉搏。进攻性的轻坦克被击垮，主力的重坦克由于长程火炮，被T-34这种"中型兵器"给打得措手不及。这一战中，德军有400辆坦克被击毁，其中包括70~100辆"虎"式被击毁。7月12日苏军转入反攻，8月5日收复奥廖尔和别尔哥罗德，8月23日解放了哈尔科夫，胜利结束库尔斯克会战。战线向南和西南推进140公里。库尔斯克会战是第二次世界大战中一次规模宏大的战役，在普罗霍洛夫卡还发生了第二次世界大战中规模最大的一次坦克战。此役德军损失50万人、1500辆坦克，彻底丧失发动战略进攻的能力，全线转入防御。

全面进攻德军

1943年8月25日，库尔斯克会战结束的第二天，朱可夫被斯大林召回莫斯科，研究下一步如何在广阔的战线上展开全面进攻。最高统帅决心不给德军以喘气之机，迅速解决左岸乌克兰、顿巴斯之敌，夺取第聂伯河右岸各登陆场。苏军参战部队有6个方面军。9月6日，朱可夫奉命协调瓦图京大将的沃罗涅日方面军和科涅夫大将的草原方面军，迅速前出到第聂伯河中游并夺取了登陆场。瓦图京的部队于9月22日突进到大布克林地域，占领了登陆场，并于11月6日解放了基辅，然后乘胜西进，追击逃敌。科涅夫的部队于9月23日攻占了波尔塔瓦，9月29日解放了克列缅楚格，并在第聂伯河右岸夺取了几个登陆场。其他几个方面军也进展顺利。苏军在第聂伯河会战中重创德军"南方"集团军群主力和"中

【元帅语录】
看书和学习是思想的经常营养，是思想的无穷发展。

央"集团军群一部,收复了重要地区,并在第聂伯河和普里皮亚季河上夺取了25个登陆场,为下一步全线进攻创造了条件。

12月中旬,朱可夫被召回最高统帅部,分析1944年的形势并确定作战任务。斯大林要求在新的一年里把德军全部逐出苏联领土,将战争推至国外。为此,苏军最高统帅部制定了连续实施大规模战略性进攻战役的计划,并确定了各方面军的任务。

朱可夫负责协调瓦图京指挥的乌克兰第一方面军和科涅夫指挥的乌克兰第二方面军的行动。朱可夫与瓦图京12月25日下令实施日托米尔—别尔迪切夫战役。乌克兰第一方面军于12月31日攻占了日托米尔,次年1月5日解放了别尔迪切夫。1月7日,朱可夫来到乌克兰第二方面军,次日该方面军攻占了基洛夫格勒。随后朱可夫又返回乌克兰第一方面军,着手研究科尔松—舍甫琴科夫斯基战役。朱可夫计划由乌克兰第一、第二两个方面军共同实施这一战役。1月24日和26日,科涅夫和瓦图京的部队先后发起进攻,于28日完成了对科尔松—舍甫琴科夫斯基德军集团的合围,2月17日实施围歼,歼敌7.3万人,重创德军15个师。至2月底,乌克兰第一方面军右翼已攻占卢茨克、舒姆斯科耶、舍彼托夫卡等地域,乌克兰第二方面军占领了经乌曼向莫吉廖夫实施突击的出发地域。

1944年2月29日，瓦图京大将在去视察部队的途中，遭到德军狙击手的袭击，身负重伤，不久牺牲。3月1日，朱可夫向方面军各部下达简短命令："根据最高统帅部大本营命令，由我临时担任乌克兰第一方面军司令员。"3月4日，乌克兰第一方面军按既定部署展开进攻，包围德军曼施泰因的坦克集群。从3月7日起，"这里展开了一场库尔斯克会战后从未见过的最残酷的战斗"。经一周激战，朱可夫的坦克部队突破曼施泰因的防线，向纵深推进。3月中旬，朱可夫指挥乌克兰第一方面军攻占了杜勃诺、克列门涅茨、莫吉廖夫。

3月26日，苏联《红星报》发表了题为《乌克兰第一方面军光辉的胜利》的社论，文中写道："近日来，乌克兰第一方面军在苏联元帅朱可夫的指挥下，取得了一系列对敌辉煌的新胜利。我军突破了德军位于捷尔诺波尔—普罗斯库罗地区的防线，向德涅斯特河挺进……乌克兰第一方面军的胜利是我军勇敢精神和军事艺术的胜利……"

英国一位军事理论家在其著作《第二次世界大战》一书中写道："朱可夫指挥的左翼部队在南方捷尔诺波尔地区给予敌人以新的打击。这一打击组织得非常及时……苏联人先是进行了一场防御战，粉碎了敌人的进攻，旋即又跟踪追击溃逃之敌……苏联军队以雷霆万钧之势向前挺进……"

3月29日，朱可夫挺进到喀尔巴阡山，解放了切尔诺夫策城，从这里到捷尔诺波尔，打开了一个长达350公里的大缺口。为了堵住这个缺口，德军统帅部不得不从其他战线，乃至西欧战线，调来大批军队。4月3日，苏联新闻局发表特别公报指出，在朱可夫指挥的28天中，乌克兰第一方面军解放了2.6万平方公里的国土和57个市镇，并继续向西南挺进，进抵捷克斯洛伐克和罗马尼亚边境。为了纪念这一胜利，莫斯科于4月8日用320门礼炮齐鸣24响，向乌克兰第一方面军致敬。一周后，朱可夫攻下被希特勒称作"堡垒"的捷尔诺波尔。莫斯科再次鸣响礼炮。朱可夫因战功卓著而第一个被授予苏联最高军功勋——胜利勋章。

【成长箴言】

　　真正的敏捷是一件很有价值的事。因为时间是衡量事业的标准，如金钱是衡量货物的标准。

5月初,朱可夫将乌克兰第一方面军交给科涅夫,自己回最高统帅部着手准备白俄罗斯战役。歼灭白俄罗斯的德军是苏军1944年夏季最主要的任务。5月30日,最高统帅部大本营批准了代号"巴格拉季昂"的白俄罗斯战役计划。参战苏军部队是波罗的海沿岸第一方面军、白俄罗斯第三方面军、白俄罗斯第二方面军和白俄罗斯第一方面军,总兵力240万人。德军白俄罗斯境内战线位于小波洛茨克、维捷斯克、奥尔沙、莫吉廖夫、博布鲁伊斯克以东一线,并沿普里皮亚季河一直伸到科韦利,配置了6个集团军,共120万人。朱可夫负责协调白俄罗斯第一、第二方面军的行动,华西列夫斯基元帅负责另外3个方面军的协调。

白俄罗斯战役

1944年6月23日,苏军发起白俄罗斯战役。波罗的海沿岸第一方面军协同白俄罗斯第3方面军在右翼发起进攻,于6月27日解放了维帖布斯克和奥尔沙。白俄罗斯第一方面军在左翼发起进攻,6月29日攻克了博布鲁伊斯克。白俄罗斯第二方面军于6月28日解放了莫吉廖夫。朱可夫指示这两个方面军高速向白俄罗斯首府明斯克进击,7月3日解放该城,随即在其东部围歼德军10万余人。至7月5日,苏军向西推进225~280公里,解放了白俄罗斯大部领土。苏军迅速扩大战果,13日解放了立陶宛首都维尔纽斯,20日进入了波兰国境。24日,白俄罗斯第一方面军解放了卢布林;27日,白俄罗斯第二方面军解放了交通枢纽比亚威斯托克。8月29日,苏军到达叶尔加瓦、多贝莱、奥古斯托夫、那累夫河和维斯瓦河,胜利结束了白俄罗斯战役,歼敌54万人,向西推进500~600公里,解放了白俄罗斯全部领土和立陶宛部分领土,并解放了波兰东部,逼近东普鲁士的华沙。

在这次战役中,朱可夫和华西列夫斯基协调4个方面军在宽大正面上同时突破敌军防御,围歼敌军重兵集团,并在宽大纵深高速进击退却之敌,表现出卓越的指挥才能。为此二人再次获得胜利勋章。

1944年年底和1945年年初,战争开始向德国本土推进。斯大林决定让朱可夫指挥白俄罗斯第一方面军,主攻柏林。部署在柏林方向上的共3个方面军:罗科索夫斯基元帅的白俄罗斯第二方面军,朱可夫元帅的白俄罗斯第一方面军,科涅夫元帅的乌克兰第一方面军。朱可夫居中,右方是罗科索夫斯基,左方是科涅夫。

从维斯瓦河至奥得河是苏军西进柏林的捷径。苏军最高统帅部将进攻柏林的战略主突方向定在这一线。1945年1月12日,白俄罗斯第一方面军和乌克兰第一方面军发动了维斯瓦河—奥得河战役,进展顺利。朱可夫于1月23日进抵德军东线最后一道防线奥得河,并夺取了西岸的全部登陆场,胜利结束此役,歼敌22万人,解放波兰大部分领土,打开了通向柏林的道路。

此时,进至奥得河的白俄罗斯第一方面军和正在东普鲁士作战的白俄罗斯第二方面军之间的东波美拉尼亚地区出现一个百余公里的空隙地带。德军统帅部紧急调来希姆莱的"维斯瓦"集团军群,企图消灭进至奥得河的苏军,固守该地区,扭转柏林方向上的不利形势。苏军统帅部抽调白俄罗斯第二、第一方面军的部队围歼了"维斯瓦"集团军群,占领了东波美拉尼亚,消除了进攻柏林的苏军侧翼的威胁,为攻占柏林创造了有利条件。

1945年4月1日,斯大林召集苏军高级将领研究对德国的最后进攻。谈到进攻柏林的问题,科涅夫表示他的乌克兰第一方面军将采取一切措施,保证攻克柏林。朱可夫也请战说,他的白俄罗

【成长箴言】

　　你们必须向前人学习,必须掌握人类已经取得的最优秀的成果,然后再由此推陈出新。

【成长箴言】

时间是一位可爱的恋人,对你是多么的爱慕倾心,每分每秒都在叮嘱:劳动,创造! 别虚度了一生!

斯第一方面军离柏林最近,而且已做好充分准备,锋芒直指柏林。最后,斯大林要他们二人准备好各自的作战计划,两天后提交最高统帅部定夺。4月3日早晨,斯大林召开最高统帅部会议,听取朱可夫和科涅夫的汇报。斯大林站起来,用笔在墙上的挂图上,画了一条长线,作为白俄罗斯第一方面军和乌克兰第一方面军的分界线,线的终点是柏林东南60公里处的吕本。他对两位元帅说,如果敌人在柏林的东接近地上进行顽强抵抗,使白俄罗斯第一方面军的进攻受阻,乌克兰第一方面军则应准备以各自的坦克集团军从南面突击柏林。这一决定,实际上是暗示两位元帅进行比赛。

柏林战役

在柏林受到苏军直接威胁的情况下,希特勒企图负隅顽抗,从2月份起,动用大批人力在柏林以东构筑了3道防御阵地,在城周围筑起了3层防御圈,将柏林市区划成9个防御区。壁垒森严,重兵防守。

为了打好攻克柏林这一历史性战役,朱可夫进行了异常周密的准备:航空侦察兵对柏林地区进行了6次空中拍照,制作了柏林地区的精确模型,绘制了极详细的作战要图,进行了协同动作演练,调动部队和运输作战物资采取了极其严格的保密措施。为了出奇制胜,朱可夫打破常规,决定不在黎明时分发动进攻,而是天亮前2小时实施夜间出击。

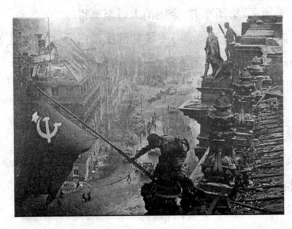

4月16日凌晨3时,柏林战役打响.朱可夫用1.8万门各式大炮实施炮火准备,20分钟内向敌阵倾泻了5万吨炮弹。同时,轰炸机对敌重要目标进行了猛烈轰炸。火力准备之后,天空中突然出现数千发彩色信号弹,地面上134部探照灯雾时间大放光明。朱可夫在回忆录中写道:"1000多度电光照亮了战场,使人目眩眼花,将我军坦克和步兵冲击目标从黑暗中暴露无遗。这是一个给人留下异常强烈印象的场面,可以说,我一生从未有过类似的感觉……"随着信号弹的升起,在数百架飞机和密如织网的炮火支援下,朱可夫的突击集团向德军阵地迅猛地扑去,一小时后突破德军第一阵地,向纵深推进了1.5～2公里,到中午突破了德军的第一防御地带。德军退守以泽劳弗高地为依托的第二防御地带后,苏军进攻受阻。当日苏军只前进了6～3公里,几次强攻未能拿下泽劳弗高地火力枢纽。斯大林对朱可夫未能突破前进障碍极为不满。朱可夫向最高统帅保证次日天黑前突破泽劳弗高地防御。

4月17日晨,朱可夫集中250门大炮猛轰泽劳弗高地30分钟。随后苏军奋不顾身地连续向高地冲去,终于在中午拿下泽劳弗高地,突破德军第二防御地带。19日,朱可夫突破德军第三防御地带。德军奥得河地区整个防线崩溃。此时,16日于尼斯河畔发起进攻的乌克兰第一方面军也突破德军三道防御地带,逼近柏林防御圈。4月20日,朱可夫的部队在柏林接近地突破德军防线,炮兵开始对柏林市区轰击。

4月21日,朱可夫的3个集团军从东、北面突入市郊,科涅夫的部队突进距柏林南郊30公里处。两个方面军从四个方向冲向柏林,于24日在柏林东南会合,25日又在柏林以西会合,合围德军20万人,随即以多路

【元帅语录】

不去读书就没有真正的教养，同时也不可能有什么鉴别力。

向心突击战术，强攻市区。不断缩小包围圈。27日，苏军突入市中心，一天之内摧毁300个街头据点，逐街逐屋进行争夺战。4月29日，朱可夫的部队开始攻打处于其作战范围内的德国国会大厦。30日，希特勒在总理府地下室自杀。当晚9时50分，第150师战士叶戈罗夫中士和坎塔里亚下士将师军旗插上国会大厦圆顶。5月2日，德军柏林卫戍司令魏德林率部投降。

德国投降

5月8日，德军元帅凯特尔代表纳粹德国在柏林以东卡尔斯霍斯特镇的一所军事学校的会议厅里签署了无条件投降书。苏联元帅朱可夫代表苏军，英国空军上将泰勒、美国斯巴茨将军和法国塔西尼代表盟国远征军，接受了德军的投降。柏林战役结束，纳粹第三帝国就此灭亡，苏德战争和欧战结束。

因攻克柏林所建立的殊勋，朱可夫被授予第三枚苏联英雄"金星"奖章。在那些胜利的日子里，《红星报》写道："德寇投降后，我们在柏林街头到处可以看到朱可夫元帅。他视察废墟，也观看具有浮夸的普鲁士风格的塑像，见到那些阿谀逢迎、服服帖帖的德国人时，元帅的目光流露出轻蔑

……这天，元帅参加了柏林战役中牺牲的烈士们的葬礼，在墓前发表了激动人心的演说："'为了祖国和自由与独立而牺牲的英雄们永垂不朽……'他抓起一把泥土，撒进坟墓里，接着又朝军旗走去，吻了吻它的一角。"

遭到诬陷免职

战后,朱可夫任驻德苏军集团军总司令和苏占区最高军事行政长官。1946年4月10日回国,担任苏联陆军总司令。此时,他的光芒已掩盖过了斯大林,成为万众瞩目的英雄,这是斯大林所不能容忍的。6月,由于罗科索夫斯基元帅和华西列夫斯基元帅主持正义,坚决驳斥了关于朱可夫元帅有阴谋企图的说法,斯大林才没有决定逮捕朱可夫,1946年6月9日,根据罗织的罪名,斯大林签署命令,指责朱可夫"不谦虚,过于傲慢,把战争期间取得所有重大战役胜利的决定作用归功于己"。指出"朱可夫元帅怀着仇恨,准备网罗一些失意者、被撤职的司令员,从事反对政府和最高统帅部的活动"。朱可夫担任的3个要职被撤销,从党中央委员会中开除,受到降职处分,贬到敖德萨军区任司令员,后又被贬到乌拉尔军区任司令员。这是朱可夫面临的第二次严峻考验。斯大林去世前曾出人意料地将朱可夫召来,但没来得及对他讲些什么,就去世了。1953年3月,朱可夫任苏联国防部第一副部长。1955年2月任苏联国防部部长。

1957年6月11日,苏共中央主席团召开会议,马林科夫等7人要求赫鲁晓夫辞去第一书记的职务。赫鲁晓夫不接受,要求召开党中央全体会议来决定他的去留。朱可夫支持赫鲁晓夫,命令国防部用军用

飞机将中央委员火速接到莫斯科。6月19日,300多名中央委员、候补委员及检查委员召开全会,大多数委员表示支持赫鲁晓夫。马林科夫、莫洛托夫等人被解除职务。

朱可夫在大会上对马林科夫等人进行了猛烈的批判,说他们也要为30年代参与血腥清洗红军指挥人员承担罪责。被指责的人辩称:"当时谁都不得不在逮捕文件上签名表示同意,你朱可夫本人也很清楚,如果翻一翻当时的文件,大概也可以找到由你朱可夫签字的文件。"在主席台上的朱可夫突然转过身回答说:"没有,您找不到,您去翻吧!由我签字的这类文件您是绝对找不到的!"朱可夫的清白,使不太清白的人都感到了道义上的谴责。

赫鲁晓夫自己刚渡过政治危机,就开始对德高望重的朱可夫放心不下了。1957年10月26日,朱可夫突然被免去苏联国防部部长职务,还被取消了党中央主席团成员和中央委员的资格。朱可夫以前的下级和同事被动员起来公开指责朱可夫。当年在战场上被朱可夫解救的一些将领,也出面发难。

墙倒众人推,朱可夫身处困境,他回到离莫斯科不远的家乡,服了些安眠药,酣睡几个小时,醒来后吃点东西,再服安眠药,再睡过去……这样一直持续了15天。他在睡梦中回忆了过去的一切,一切得失荣辱都抛诸脑后,然后便钓鱼去了。接着,他向党中央提出去疗养,从此便退出了政治舞台。

预感到未来不妙的赫鲁晓夫在下台前夕,给朱可夫打电话说:"你被诬告了,我们应当见一个面。"他的助手准备着安排二人见面,他们要谈的是恢复关系和给朱可夫安排新工作的问题。赫鲁晓夫想以此来提高自己在军队中的威望,但历史没有给他这个机会。

【元帅语录】

书,这是这一代对另一代人精神上的遗言,这是将死的老人对刚开始生活的青年人的忠告,这是准备去休息的哨兵向前来代替他的岗位的哨兵的命令。

1958年3月,朱可夫正式退休。1964年10月,赫鲁晓夫被解除职务,勃列日涅夫上台。朱可夫的处境略有改善,但对他的窃听却仍然继续下去,一直延续到9年多以后他去世的那一刻。克格勃始终监视着他，就连他和妻子在卧室里的谈话都被做了记录，汇报给最高负责人。

【成长箴言】

　　我只惋惜一件事，日子太短，过得太快。一个人从来看不出做成什么，只能看出还应该做什么。

身后名誉恢复

　　但是，朱可夫元帅直到生命的最后一刻也未被平反，不仅如此，继勃列日涅夫之后执政的安德罗波夫、契尔年科、戈尔巴乔夫等历届领导人都没有给朱可夫平反。直到1995年5月，俄罗斯纪念世界反法西斯战争胜利50周年之际，朱可夫的名誉才被彻底恢复，他的大型青铜塑像被竖立在莫斯科红场附近的马涅什广场，俄罗斯总统叶利钦为塑像揭幕仪式剪彩。为人类做出巨大贡献的英雄，人民是不会忘记的。

《回忆与思考》

　　1965年，法国巴黎的世界通讯社拟出版苏联二次大战领导人回忆丛书，约稿名单中自然少不了朱可夫元帅。朱可夫同意出版自己的回忆录，不过他要求该书首先在国内出版，然后才在国外出版。朱可夫在1966年3月按合同规定的期限，将全部手稿交给出版社，共1430张打字纸。然而，编辑、出版工作却耗时3年之久。元帅的回忆录严格说来

算是一本举足轻重的军事史巨著,需要军事专家参与编辑工作。然而,尽管出版社领导和编辑们付出了极大的努力,现役的有关军官们,不论是军史研究所或军事出版社内的军人们,没有一个人愿做这部著作的编辑。在朱可夫元帅未公开平反的情况下,军人们怕因此影响自己在军队中的前途。

【元帅语录】

看书和学习是思想的经常营养,是思想的无穷发展。

最终,新闻出版社得到上面的暗示:总书记勃列日涅夫希望朱可夫元帅在回忆录中能提到他。战争时期,勃列日涅夫作为上校军官,在18集团军任政治部主任。但问题是朱可夫在战时从没见过这位名不见经传的上校。怎么办?出版社终于找到一个办法,在书中杜撰了朱可夫元帅在战时视察第18集团军时,想见见政治部主任勃列日涅夫,但是他不在,他到最前沿去了。就这样,勃列日涅夫的名字总算出现在朱可夫战争回忆录的手稿中。

1969年4月,朱可夫所著《回忆与思考》一书历经磨难,终于在书店与读者见面了。

获得荣誉

朱可夫在从士兵到元帅的漫长军旅生涯中立下了赫赫战功。4次荣膺苏联英雄称号,是仅有的4次荣膺苏联英雄荣誉称号的两个人之一(另一人是对勋章有执着狂的苏共领导人勃列日涅夫,他的苏联英雄勋章几乎都是自己颁给自己的)。荣获列宁勋章6枚,十月革命勋章1枚,红旗勋章3枚,一级苏沃洛夫勋章2枚,"胜利"最高

功勋章2枚,图瓦共和国"共和
国"勋章1枚,蒙古人民共和国
英雄,荣誉武器1件,奖章及外
国勋章多枚。防空军事指挥学
院以其名字命名。

【成长箴言】

　　世界上最快而又最慢,最长而又最短,最
平凡而又最珍贵,最容易忽视而又最令人后
悔的就是时间。

　　著有《回忆与思考》《在保卫首都的战斗中》《库尔斯克突出部》《在柏
林方向上》等军事著作,记述了第二次世界大战苏德战场的许多著名战
役,并阐述了他的军事思想。

大学小百科

　　伏龙芝军事学院现已并入俄罗斯联邦武装力量诸兵种合
成学院,但俄国人还是习惯称之为伏龙芝军事学院。几十年来,
学院为苏联武装力量培养了数以万计的高级军事指挥人才,苏
联红军的元帅和高级将领大都出自于这所学府。由于伏龙芝军
事学院对苏联武装力量的建设和发展所做出的杰出贡献,因此
它被人们冠以"红军的大脑"的美誉。

　　俄罗斯伏龙芝军事学院与美国西点军校、英国桑赫斯特皇
家军事学院、法国圣西尔军校并称世界"四大军校"。

第二章　多样化的办学模式

伏龙芝军事学院多样化的办学模式。学校在训练中特别强调综合运用讲课、课堂讨论、自学、各种作业、各类演习等多种形式,提高学员的战役、战术和军事技术素养,培养学员独立思考和解决问题的能力。

第一课　学院编制及教学方法

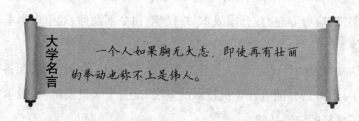

大学名言

一个人如果胸无大志，即使再有壮丽的举动也称不上是伟人。

伏龙芝军事学院设院长1人，另设教学、科研和政治工作副院长各1人。学院下设训练、政治、研究及物资技术保障部，以及院务委员会、学术委员会、教学法委员会等机构。

主要教研室包括战役战术教研室、马列主义教研室、苏共党史和党政工作教研室、战争史和军事学术史教研室、外语教研室等。

学院设基本系和函授系两大系，以及进修班和研究生班。基本系设合成军队、侦察、空降、登陆等专业。

学院师资从全军选调。许多教员是经过战争考验、多年从事科研和教学工作的将军和其他级别的军官。教员队伍基本上实现了老中青三结合。比如战役战术教研室，教员教龄在 10 年以上的占37%，5年以上的占31.5%，5年以

【成长箴言】

辛勤的蜜蜂永远没有时间的悲哀。在所有的批评者中，最伟大、最正确、最天才的是时间。

下的占31.5%。

该院的教学方法较先进，训练中特别强调综合运用讲课、课堂讨论、自学、各种作业、各类演习等多种形式，提高学员的战役、战术和军事技术素养，培养学员独立思考和解决问题的能力。学院的教员知识渊博、经验丰富，许多教员都是经过战争考验，多年从事教学和科研工作的将军和军官，并都具有博士学位。

学院优先招收毕业于诸兵种合成军队高级指挥学校，具有分队指挥的实践经验，在战斗训练和政治素养方面达到了高标准的军官；同时还帮助其他社会主义国家军队培训指挥干部。

科教干部的培训和深造，通过面授研究生班和在职参加专业应考的方法实施，应考专业有：合成战术、战役学、司令部勤务、战争史和军事学术史等。

从20世纪60年代起，学院就建立了军队指挥自动化教研室，配备了大型电子计算机，并随着计算机技术的发展，配备了大量微机，为教学训练提供了良好的物质基础。

70～80年代,学院重新进行了大规模的基础设施建设,为提高野外训练能力建立了训练中心和合同战斗训练场。

为改善室内训练条件建造了新的教学大楼、教研室楼和实验室楼,楼内的各种专修室和实验室配备了有技术兵器和武器装备实物或模型、电动示教板和显示图,以及放映图表、底片、录像和电影短片的多路放映系统。

为进行技术装备学习和军队指挥作业,修建了训练用指挥所,内有部队和兵团装备的指挥车模型和通信工具实物。

学院还修建了包括有比赛馆、练习馆、摔跤馆和举重馆等场馆的综合体育设施。学院的图书馆平均每年新添图书二万余册,是俄军中最大的图书馆之一。

第二课　科系课程的设置

大学名言

痛苦和寂寞对年轻人是一剂良药,它们不仅使灵魂更美好、更崇高,还保持了青春的色泽。

国内战争结束后,伏龙芝军事学院对教学、科研和党政工作进行了调整。在完成这项任务中,1924年4月至1925年1月任该院院长的伏龙芝发挥了很大作用。在他的领导下,健全了学院体制,改革了教学大纲和教学方法,废弃了不必要的科目,重视了野外作业,发展了军事科学研究工作,活跃了军事科学协会和研究生班的活动。随着装甲坦克和机械化兵、炮兵和航空兵的发展,学院面临着为团至军级培养具有广泛知识的多兵种合成军队指挥员的任务。为此,成立了摩托化和机械化、空军和战斗训练等教研室。

【成长箴言】

不要生气要争气,不要看破要突破,不要嫉妒要欣赏,不要拖延要积极,不要心动要行动。

1931年,在战役学教研室基础上成立了战役学系,培训集团军级至方面军级的指挥、参谋干部。1931～1932学年度,学院不仅招收了诸兵种合成军队指挥员,而且接收了炮兵、坦克兵、航空兵等学员。二战前夕和战争初期,学员和教员人数增加了。当时十分重视研究西班牙战争、哈桑湖地域和哈拉欣河作战以及苏芬战争的经验,提高了野外作业的地位,学员参加实兵演习也更为经常。

现在该院进行着大量的科研工作,学院的科研潜力在俄罗斯国内军事院校中是首屈一指的。目前在学院工作的有7名功勋科学家、9名科学院院士、54名教授、187名副教授、430名博士和副博士。

1976年,伏龙芝军事学院科系设置包括:基本系和函授系、战役战术教研室、马列主义教研室、苏共党史和党政工作教研室、战争史和军事学术史教研宝、外语教研室,训练部、科研部,各种实验室,伏龙芝科研陈列专修室,以及其他分队。图书馆藏书约200万册。

学院基本系和函授系的学制均为3年。基本系设合成军队、侦察、空降、登陆等专业。基本系开设的课程有合成战术、战役学、战史、外军史、马列主义哲学、政治经济学、党史和党政工作、外语、军事心理学、军事教育学、军法学和军队财务管理等。合成军队专业学制为3年。第一年学习基本战术理论和团攻防战术,第二年学习师战术和指挥,第三年学习集团军战役理论和指挥,毕业前两三个月还要学习方面军战役等有关知识。

　　函授系课程设置和进度与基本系相同,但以自学为主,学满6个学期后准予参加毕业考试。学院强调全面提高学员的战役、战术和军事技术素养,培养学员成为具有独立思考能力和解决问题的能力的优秀合成军队指挥员。训练中强调综合运用讲课、课堂讨论、自学、各种作业、各类演习等多种形式,既提高理论水平又提高实践能力,同时也强调利用现代化设备提高教学质量。

大学小百科

　　1925年10月,伏龙芝不幸逝世,年仅40岁。在哀悼这位深受全院爱戴的院长的日子里,全院人员请求苏联革命军事委员会以他的名字为学院命名,委员会批准了这一请求。工农红军军事学院从此更名为伏龙芝军事学院。

第三课　严格的入学条件

大学名言　只有创造,才是真正的享受;只有拼搏,才是充实的生活。

伏龙芝军事学院主要培养团至军级、具有广泛知识的合成军队指挥员。学员入学条件极为苛刻,必须毕业于诸兵种合成军队高级指挥学校,担任过两年以上营级指挥官职务,具有分队指挥的实践经验,具有良好的战斗素养,年龄在38岁以下,军衔为大尉或少校。

招生办法是领导推荐、逐个审查、择优录取。统考科目为俄语、数学、物理、文学、战术、技术装备等。

学院优先招收毕业于诸兵种合成军队高级指挥学校,具有分队指挥的实践经验,在战斗训练和政治素养方面达到了高标准的军官。

同时还帮助其他社会主义国家军队培训指挥干部。科教干部的培训和深造,通过面授研究生班和在职参加专业应考

【成长箴言】

人的一生没有一帆风顺的坦途。当你面对失败而优柔寡断,当动摇自信而怨天尤人,当你错失机遇而自暴自弃的时候你是否会思考:我的自信心呢? 其实,自信心就在我们的心中。

的方法实施,应考专业有:合同战术、战役学、司令部勤务、战争史和军事学术史等。

学院创立初期,由于是在内战期间,许多学员常常是或缩短学习时间,或尚未来得及参加毕业考试就被派到了前线。

学院允许他们在战斗结束后,再回学校继续完成学习任务,通过考试毕业。这些学员绝大部分在战斗中作战英勇,指挥有方,深受广大官兵的好评。

没料到,这反而带来了一个副作用。战事完结后,各个部队都不愿意放他们回学校,称赞他们是不可替代的难得人才,都舍不得放走这些宝贝疙瘩。

面对这种意想不到的情况,共和国革命军事委员会只得做出决定,禁止各方面军随意截留那些具有丰富实战经验的学员。如确实需要,必须经过革命军事委员会的特别批准。

决定强调指出:"假如部队自上而下无限制地截留尚未毕业的学院学员,那将是目光短浅,因为这势必影响以后向作战部队输送受过完整军事

学院训练的指挥人员。"直到20年代初,国内的白卫军大部被消灭,外国武装干涉也基本被击退,此时军事学院的学员才有条件坐下来,进行系统、正规的理论学习。

　　学员毕业后,实行全军统一分配。在校期间,学员一般要晋衔一级,晋职1～2级。毕业生下到部队后,职务不低于团参谋长,有指挥经验的可以直接担任团长。成绩优异并荣获金质奖章者可以在全军范围内任意挑选单位。

大学小百科

　　伏龙芝军事学院的历史与苏联武装力量的建设和巩固、与苏联人民为争取祖国自由和独立的斗争,不可分割地联系在一起。两位资格最老的布尔什维克扎列日斯基和科兹格夫斯基曾是学院首任政治委员。首批学员中有许多人是直接从国内战争前线调来学习的,其中有天才的指挥员德边科、科夫秋赫、科夫绍夫、库佳科夫、费季科、恰帕耶夫(夏伯阳)等人。

第四课　伏龙芝军事学院名人榜——科涅夫元帅

大学名言　　　时间是世界上的一切成就的土壤。时间给空想者痛苦,给创造者幸福。

生平简介

伊凡·斯捷潘诺维奇·科涅夫,苏联元帅、统帅、军事家。曾经两度获得苏联英雄称号,是苏联最高军功奖——胜利勋章的获得者之一。因为曾率领军队在捷克斯洛伐克和蒙古作战,还获得捷克斯洛伐克和蒙古英雄称号。生于洛杰伊诺村(今属基洛夫州波多西诺韦茨区),1916年应征入俄国军队,参加第一次世界大战。1918年加入俄共(布尔什维克党)。国内战争开始后参加红军,历任装甲列车政委、步兵旅政委、师政委、远东共和国人民革命军司令部政委,积极参加平叛和对日本干涉军作战。内战后任步兵军政委和师政委。

伊凡·科涅夫是苏联陆军攻击之王。他在军事上所具有的敏锐而正确的直觉是罕见的。他擅长步炮协同作战,能把强大的炮兵火力和步兵高速度下出其不意的进攻完美无缺地结合起来。他在1943年后打出了一系列经典的攻击战,直至在柏林战役中抢去了朱可夫的光芒。而且作为政治委员出身的他,在激励士气、团结同志上具有朱可夫不可比拟的优势。

【元帅语录】
　　要知道艺术家只有通过想象才能获得自然界的真实。

　　1926年,科涅夫毕业于伏龙芝军事学院高级首长进修班,1934年毕业于伏龙芝军事学院,后任步兵师长、军长、集团军司令和军区司令。苏德战争爆发后任第19集团军司令,率部参加斯摩棱斯克战役,后历任西方面军、加里宁方面军、西北方面军、草原方面军、乌克兰第2和第一方面军司令,参与组织实施了莫斯科会战、库尔斯克会战、科尔松—舍甫琴柯夫斯基战役、维斯瓦河—奥得河战役、柏林战役、布拉格战役等,为解放加里宁、别尔哥罗德、哈尔科夫和波兰国土,以及攻克柏林、布拉格等做出重大贡献。他善于指挥大军团作战,能正确选择主要突击方向和突击时机,并能果敢地在最重要地段集中兵力兵器。尤其善于使用坦克装甲力量,使坦克装甲力量的威力得到最大限度的发挥。同时科涅夫还重视诸军兵种的协同作战,重视诸军兵种整体力量的发挥。在解放捷克斯洛伐克的战斗中,他攻势凌厉、精心指挥,为保留下许多桥梁和教堂等建筑煞费苦心,捷克斯洛伐克的人因此对他深怀感激,并为他专门建造了一座纪念碑,以让后人不忘拯救祖国的英雄。

　　战后,科涅夫历任驻奥地利苏军中部军队集群总司令和驻奥地利最高委员、苏联武装力量部副部长兼陆军总司令、军事部副部长兼苏军总监察长、喀尔巴阡军区司令、国防部第一副部长兼陆军总司令、国防部第一副部长兼华约联合武装部队总司令、国防部总监组总监、

【成长箴言】

如果青春的时光在闲散中度过，那么回忆岁月将会是一场凄凉的悲剧。世上真不知有多少能够成功立业的人，都因为把难得的时间轻轻放过而致默默无闻。

苏军驻德军队集群总司令。

1956年11月1日，苏联国防部第一副部长兼华沙条约国联合武装力量总司令科涅夫元帅受命指挥"旋风"行动，率苏军7个师平息匈牙利叛乱，经一周战斗，拥有100辆坦克、5万正规军和警察部队、1万布达佩斯武装市民的匈牙利武装被缴械，匈方2700人亡，苏军720人亡。1973年5月21日，科涅夫在莫斯科去世。著有回忆录《1945年》和《方面军司令员笔记》。

科涅夫结过两次婚，第一次婚姻给他留下了一个女儿Nataliya，第二任夫人安东宁娜比科涅夫小25岁，在卫国战争期间曾是科涅夫的卫生员，一直跟随他转战各地。女儿Nataliya现在在俄罗斯军事大学从事语言和文学工作。

英国陆军元帅理查德·迈克尔·鲍威尔·卡弗在他的《现代世界名将》一书中，将科涅夫列为二战苏军将帅中的第二位，这是因为科涅夫善于指挥大兵团进攻作战，他在二战中指挥的许多气势磅礴、排山倒海的大规模进攻战役，在战争史上留下了光辉的记录。

两度获得苏联英雄称号

伊凡·斯捷潘诺维奇·科涅夫，1897年12月28日（俄历12月15日）出生于基辅区洛杰伊诺生于一个普通农民家庭，12岁从地方学校毕业后，因生活所迫成了一位小木匠。第一次世界大战爆发后，他在1916年春应征入伍，在俄军西南战线的一个炮兵师里当士官。1917年十月革命后，俄国军队被解散，科涅夫复员回乡，在家乡参加地方苏维埃，并在1918年年初加入苏联共产党，担任当地工农"战斗支队"的政委。时值苏联内战烽火连天，他向军区政委伏龙芝主动请缨，率领他的工农支队开赴东线作战，被任命为第102装甲列车的政委，率领装甲列车执行在敌后骚扰作战的任务，后来又先后担任旅政委和师政委。1922年，他担任远东共和国人民革命军司令部政委,在一代名将乌博列维奇指挥下对盘踞远东的日军作战,将日军最后赶出苏联领土。

内战结束后,科涅夫先在东部担任一个海岸步兵军的政委,后因红军大规模缩编,他调任莫斯科军区一个步兵师的政委。这期间,他与莫斯科军区司令员伏罗希洛夫有过多次工作接触。伏罗希洛夫对这位年轻师政委的精明干练留下深刻印象。1925年10月,伏罗希洛夫接替逝世的米哈伊尔·瓦西里耶维奇·伏龙芝,担任苏联革命军事委员会主席和陆海军人民委员。不久后的一次军事工作人员会议上,科涅夫就加强部队纪律和秩序,以及提高战备发表了大胆而有原则性的讲话,使与会者深受触动。伏罗希洛夫称赞他说:"您是一位有战斗能力的军事委员!"并建议他改任军事指挥员。在这位陆海军人民委员的关心下,科涅夫在1926年进了红军军事学院的高级指挥人员进修班,开始了从一位政工干部向红军指挥员的转变。

1927年学习期满后,他回到原来所在师,当时图哈切夫斯基对他这种政工改行当军官的另眼相看,把他降级当了步兵团团长,待了5年后才升任师长。科涅夫并不满足于在进修班所学到的知识,他向上级申请进红军最高军事学府——伏龙芝军事学院深造。这次,他又得到国防人民委员伏罗希洛夫的帮助,后者下令让他离职进入伏龙芝军事学院学习。伏罗希洛夫在任苏联国防人民委员期间虽犯有种种错误,思想保守僵化,特别是对红军内的"大清洗"负有不可推卸的责任,但他关心年轻的指挥员,对朱可夫和科涅夫这些新一代杰出将领的成长和提拔起了不容忽视的作用。

科涅夫在伏龙芝军事学院以优异成绩毕业,学院对他的评语是能胜任军级指挥。从学院毕业后,他还是担任师长,直到图哈

切夫斯基被枪毙,他才当上军长、集团军司令等一系列职务。在科涅夫成长为一位杰出统帅的过程中,还有一个人起了非常重要的作用,这就是苏军的杰出将领伊耶罗尼姆·彼得罗维奇·乌博列维奇(1896—1937)。国内战争中,科涅夫曾经在他的麾下战斗过。内战后,科涅夫在莫斯科军区和白俄罗斯军区任职期间,乌博列维奇是军区的司令员。这位天才的苏维埃统帅在内战中战功显赫,和平年代也治军有方。他对部队严格要求,特别重视对指挥干部的培养。在他的关怀下成长起来的红军指挥员们,许多人日后在伟大的卫国战争中脱颖而出,成为闻名于世的军事统帅,朱可夫和科涅夫都是其中的佼佼者。科涅夫后来多次以崇敬的语气谈到乌博列维奇,称他是战前岁月中苏联的一位最杰出军事家,说在他领导下工作的这段时期,自己受益匪浅。

1939年,科涅夫在联共(布尔什维克党)十八大上成为候补中央委员。1940年,他晋升为中将,被任命为外贝加尔军区司令员,成为红军的高级将领。1941年1月,他又被任命为外高加索军区司令员。曾经两度获得苏联英雄称号,是苏联最高军功奖——胜利勋章的获得者之一。

在撤退中晋升

伟大的卫国战争爆发后,科涅夫作为19集团军司令率军在西部方向作战。战争初期,西部方向是德军的主要进攻方向,德军中最为强大的"中央"集团军群来势凶猛,在明斯克围歼了苏军西部军区的主力,直扑莫斯科的最后屏障斯摩棱斯克。科涅夫在这惊涛骇浪、乱云飞渡的危急之秋，从容镇定，首次显示出他出众的指挥才能。他一面指挥部队顽强固守，阻住了当面德军的进攻；一面向敌军发起反攻，有力地钳制住了德军"中央"集团军群的突击尖刀——第3坦克集群。科涅夫在战争初期苏军节节溃败之际建立的功勋——由于他在1941年初德国猛烈进攻中顽强反击、寸土必争，丢失地盘较少，而被称作"永不后退的将军"，很快引起了苏军最高统帅部的重视。当西部军区司令员巴甫洛夫和几位集团军司令员因为部队的惨败而被送上法庭审判和枪毙之时，科涅夫却得到晋升。因在摩棱斯克战役末期苏军的反攻中表现突出，科涅夫在9月11日被擢升为上将，次日接替去西南方向救火的铁木辛哥元帅为西方方面军司令员，接过了防守莫斯科方向的重任。

西方面军的失败

科涅夫的西方方面军共有6个集团军、480辆坦克（其中先进的T—34和KV型坦克只有45辆），实力在当时仅次于苏军西南方面军。9月份，由于德军"中央"集团军群的装甲主力之一———海因茨·威廉·古德里安的第2坦克集群被调往南方包抄苏军西南方面军，中央战场出现短暂平静，但随着苏军西南方面军在基辅战役中被围歼，德军大量兵力开始向中央战场集中，准备发动对莫斯科的攻势。德军投入中央方向的共3个坦克集群（第2、第3和第4坦克集群）和3个野战集团军（第2、第4和第9坦克集群），占当时苏德战场德军总兵力的二分之一和装甲兵力的四分之三，共有180余万人、1700辆坦克、1390架飞机、1.4万门火炮和迫击炮。

他们当面的苏军西方方面军、预备队方面军和布良斯克方面军共有125万人、995辆坦克、677架飞机、6808门火炮和迫击炮。苏军非但在兵力兵器上居劣势，更重要的是在战役态势上部署不当。苏军在战前强调进攻战略，对防御研究不够，尤其对如何抗击敌坦克集群的强大突击缺少对策。包括科涅夫在内

【成长箴言】

在创作家的事业中，每一步都要深思而后行，而不是盲目的瞎碰。

【成长箴言】
　　成功的人不是从未曾被击倒过的人，而是在被击倒后，还能够极极的往成功之路不断迈进的人。

的几位方面军司令员，都没有将主力部署在纵深，而是呈前沿一线部署，这就使苏军的防御纵深过浅，容易被德军的装甲利刃所穿透。同时，他们错误地估计了德军可能发动进攻的方向，将重兵部署在西面。结果，9月底震惊世界的莫斯科会战开始后，德军的坦克重兵集团出乎科涅夫等人的预料，不是从西面，而是从南北方向实施主要突击，迅速突破了当面薄弱的苏军防线。

　　10月4日拂晓，德军强大的坦克兵团已经向西方方面军司令部所在地的维亚兹马城进逼，很快就要推进到西方方面军后方，科涅夫用高频电话向斯大林报告了这一情况，说明西方方面军主力被包围的危险已经出现，但斯大林当天没有做任何指示，而科涅夫也缺乏甘冒风险下令部队后撤的临机决断勇气。

　　10月6日，德军第3、第4坦克集群在维亚兹马会师，将西方方面军和预备队方面军主力团团围住。南面的布良斯克方面军主力也被德军包围。这场史称的维亚兹马—布良斯克包围战，是卫国战争中苏军最大悲剧之一，苏军3个方面军共有8个集团军被德军合围。德军宣称在维亚兹马和布良斯克两大包围圈内共俘获苏军67.3万人。按苏联战后统计至少也有30万人。此时莫斯科岌岌可危，苏联被迫将大部分政府机构和各国外交使团撤退到古比雪夫。这是科涅夫生平最大一次败走麦城。

科涅夫救命之谜

当时，中央委员会派遣莫洛托夫和伏罗希洛夫元帅的调查团前去西方方面军司令部。莫洛托夫和伏罗希洛夫俨然

【成长箴言】

终生奋斗，便成天才。天才就是把注意力集中在所研究的那门学问上的最高能力。

以最高统帅的语气训斥科涅夫,科涅夫据理力争,就苏军防御的战争形态问题,伏罗希洛夫和科涅夫大吵了一架,正巧,因为科涅夫派给罗科索夫斯基的第16集团军部队没能及时来到维亚基玛地区, 苏军没有向德军侧翼进行反突击,致使该地区沦陷(此役中罗科索夫斯基作为没有部队的光杆司令,差点被德军俘虏)。伏罗希洛夫元帅一气之下,准备将科涅夫送上军事法庭,这时,朱可夫来到西方方面军司令部,亲自打电话向斯大林报告说,采取这种极端手段无助于挽救局势,他在白俄罗斯军区工作时了解科涅夫,此人聪明能干,是块当方面军司令员的料。他建议留下科涅夫给自己当副手。斯大林对此表示同意。当然这是朱可夫的说法。

但按照罗科索夫斯基的回忆,事情的发生又是另外一种情景。当罗科索夫斯基率第16集团军司令部冲出维亚基玛后,来到西方方面军司令部汇报没有部队的情报,当时,莫洛托夫和伏罗希洛夫元帅也在方面军司令部,罗科索夫斯基亲眼目睹了伏罗希洛夫对西方方面军领导人的训斥,这也激起了科涅夫、尼古拉·亚历山德罗维奇·布尔加宁(方面军政委)和格尔曼·卡皮托诺维奇·马兰金(方面军参谋长)等人的一致反击,就在双方群骂之际,伏罗希洛夫找来了朱可夫,宣布朱可夫为新任西方方面军司令,然后朱可夫就对罗科索夫斯基下达了新的作战命令……在罗科索夫斯基的回忆中,完全没有伏罗希洛夫要起诉科涅夫以及朱可夫及时救驾的剧情,即使伏罗希洛夫训斥了科涅夫,那也是在中央委员会调查团与西方方面军领导人之间的集体争论,再说了,伏罗希洛夫是一手把科涅夫带出来的,很难想象他会向自己的弟子痛下杀手。科涅夫没有受到惩罚,还有一个可能是尼古拉·亚历山德罗维奇·布尔加宁在斯大林面前为科涅夫开脱了(因为布尔加宁与列夫·扎哈洛维奇·麦赫利斯一样,作为政工人

员,他们百分之百是斯大林的心腹)。

加里宁反攻

科涅夫任朱可夫的副职只有一两天,就被派到加里宁去指挥方面军的右翼部队。科涅夫指挥这支远离主力的部队,顽强抗击德军的进攻,再次显示出他干练的指挥才能,重新赢得

【成长箴言】
　　对真正的成功者来说,不论他的生存条件如何,都不会自我磨灭自身潜藏的智能,不会自贬可能达到的人生高度。

了最高统帅部的信任。苏军最高统帅部鉴于西方方面军防守的正面过宽,不利于指挥,于是将科涅夫指挥的3个集团军组成加里宁方面军,任命他为司令员。在苏联首都危急的日子里,科涅夫确实表现不俗,他指挥加里宁方面军对德军节节抵抗,牵制住了当面的德军,这就有效地减轻了朱可夫的西方方面军所受的正面压力。

1941年12月初,苏军对莫斯科城下德军的反攻开始后,科涅夫指挥加里宁方面军首先出击,第一天就突破了德军阵地前沿,随后朱可夫的西方方面军也转入进攻,击溃了不可一世的德军,将其远远地向西赶去,这是德军自二战开始以来的首次大败。

苏军莫斯科反攻的目标是歼灭德军"中央"集团军群,但此时苏军还没有强大的坦克和机械化兵团,无法断敌退路;炮兵力量也不足,在突破敌军防御时困难重重。因此朱可夫和科涅夫两军经过几个月的艰苦奋战,虽将德军击退150公里,但未能消灭德军"中央"集团军群主力,也未能把战线重新推回到斯摩棱斯克,但他们所部不间断的顽强进攻,仍然收到了效果:德军的中央战线摇摇欲坠,希特勒统帅部慑于苏军在中央战场显示的强大作战威力,不敢将德军1942年的主要攻势指向这一方向,而是企图在南线取得决定性战果。

抗命又坐冷板凳

1942年夏季,德军在南方重新发起进攻,一路势如破竹,直逼斯大林格勒城下。斯大林紧急将朱可夫召回莫斯科,任命他为副最高统帅,让他去应付南线的危急形势。朱可夫推荐科涅夫接替他的西方方面军司令员一职。科涅夫在重掌西方方面军后，按照斯大林和朱可夫的部署，指挥部队在阴雨连绵中继续对中央战场的德军猛攻，使之陷入无尽苦战之中，无法抽调大军去增援斯大林格勒。但是，苏军在连续强攻德军的坚固防线中，也遭到了很大伤亡，这给方面军司令部招来了批评，这就是后来使朱可夫蒙上恶名的火星行动。

1943年3月，科涅夫被调任西北方面军司令，由于他接受了前一时间的教训，不愿在条件不成熟的时候反攻，斯大林大怒，再次撤了他的职，将他调后方任二线的草原军区司令。

从替补到主力

从苏军最重要的西方方面军司令，降到次要地位的草原方面军司令，这是科涅夫戎马生涯中的又一次挫折，说明他在1942年的战场表现仍未得到斯大林的赏识。此时，苏军在二战中的其他几位新星已经大放异彩：朱可夫和华西列夫斯基都已晋升为元帅，成为最高统帅部主要成员；罗科索夫斯基和瓦杜丁都因为在斯大林格勒战役中的卓越战功，双双跃升为大将，在前线指挥着主要的方面军。而科涅夫此时还挂着上将肩章，在后方指挥作为战略预备队的草原方面军。但对科涅夫来说，他却是因祸得福，因为这以前，他统率的部队主要是步兵，而这一次，他手中首次握有了强大的装甲机械化部队。草原方面军除4个步兵集团军外，还有罗特米斯特罗夫将军的近卫第5坦克集团军，这是一支令德军闻风丧胆

的钢铁雄师,在斯大林格勒之战中建立了殊勋。而且这一调动使他从中央战场转到了南方战场。莫斯科战役之后,苏德战局重心已经移到南线,双方在此集结重兵展开主力决战,这就使科涅夫有了建立功勋的机会。

1943年7月,德军向库尔斯克突出部发动了强大的攻势,这就是闻名世界的库尔斯克会战。苏德两军都投入了最精锐的部队和最精良的武器,以期一决胜负。德军的意图是从南北实施强大的对进突击,合围据守该突出部的苏联最精锐的两个方面军——罗科索夫斯基的中央方面军和瓦杜丁的沃罗涅日方面军,为此集中了90万兵力,2700辆坦克,2000架飞机。在北线进攻的是德军后起悍将莫德尔指挥的"中央"集团军群部队,共有1 200辆坦克和强击火炮,在南线进攻的是德军老牌名将曼施泰因指挥的"南方"集团军群部队,拥有1500辆坦克和强击火炮。罗科索夫斯基和瓦杜丁两个方面军拥有133万人,3600辆坦克和自行火炮,3100架飞机。它们背后还有作为苏军战略总预备队的草原方面军,它拥有58万人、1640辆坦克和自行火炮。

7月5日,德军开始了这场代号"堡垒"的强大攻势。北面的莫德尔在第一天就以900辆坦克向苏军疯狂突击,但他当面的苏军中央方面军兵力雄厚,司令员罗科索夫斯基和坐镇在此的副最高统帅朱可夫在苏军将领中最能征善战,因此苏军的防线固若金汤,岿然不动;但拥有更强大装甲力量的曼施泰因在南面出动了3个坦克军的1200辆坦克,以凶悍的党卫军坦克师做先锋,展开了更猛烈的攻势,他当面的瓦图京部队实力不如罗科索夫斯基部队,而且瓦图京错误地让第1坦克集团军放弃机动性,分散迎战德军,当德军转移战役主攻目标时,瓦图京已经无法集中坦克可以阻挡德军的进攻了。在这最危急时刻,最高统帅斯大林亲自下令科涅夫率领草原方面军的两支主力——近卫第5坦克集团军和近卫第5集团军立即驰援瓦图京。

科涅夫早已预见及此,命令近卫第5坦克集团军提前做好了准备。苏军最高统帅部一声令下,近卫第5坦克集团军立即日夜兼程,火速赶往前线,在7月12日到达普罗霍罗

【元帅语录】
劳动创造一切,劳动者创造一切。历史的口号就是这样。

夫卡，与德军最精锐的装甲部队——党卫军"帝国"坦克师、"骷髅"坦克师、"阿道夫·希特勒"坦克师的200辆坦克遭遇。罗特米斯特罗夫是位智勇双全的战将，他知道苏军T—34坦克在远距离对射中不敌德军的"虎"式坦克，于是下令全军勇猛冲击，与敌展开近战。近卫第5坦克集团军的750辆坦克和自行火炮开足马力全速前冲，

楔入德军坦克的战斗队形，与之展开近距离混战。虽然苏联损失的坦克是德国的倍数，但德国坦克兵由于数量不足却被迫先撤出了战场。这场翻天覆地的坦克大战，后来被科涅夫称为"德国坦克兵这只天鹅临终前的美妙歌声"。

科涅夫在战场上的真正声威是从库尔斯克会战开始建立的。他的部队不仅在关键时刻使德军打赢这场会战的希望成了泡影，而且在战役反攻的过程中解放了号称乌克兰第二首府的哈尔科夫。这是个相当了不起的战功，因为当时他的坦克等技术兵器主要拿去支援了瓦图京，剩下的数量是不多的。当他在半夜用电报机叫醒斯大林，略显激动地告诉斯大林这一消息时，斯大林命令在苏联首都莫斯科以224门礼炮齐放20响，庆祝红军的这一重大胜利，这是苏联在卫国战争中首次鸣放较高等级的礼炮（此前的礼炮是以124门火炮鸣放12响）。

库尔斯克会战成了科涅夫命运的转折，战役结束5天后，他获得大将军衔。朱可夫后来回忆说："战争初期，斯大林对科涅夫的态度是不好的，

多次撤去他的方面军司令职务。可是后来由于科涅夫指挥草原方面军有方，接二连三地取得了战役的胜利和成功时，斯大林发现科涅夫很会打仗，于是就改变了对他的态度。"

突破东方壁垒

库尔斯克战役是苏德战争的真正转折点，作为德军主要突击力量的装甲坦克部队，经此一役后元气大伤，一蹶不振，再也无力对苏军发动大规模进攻。苏军从此转入战略反攻，开始了直捣易北河的伟大进军。科涅夫真正显示出他是一位杰出统帅，是在苏军的战略反攻期间开始的。斯大林曾将那位指挥了敖德萨、塞尔斯托波尔和高加索英勇保卫战的名将伊万·叶菲莫维奇·彼得罗夫称作防守将军，说他只能防守不会进攻，因此在战争后期撤了他的方面军司令员一职。而科涅夫正好与彼得罗夫相反，在斯大林眼中是位进攻将军。他在苏军的反攻阶段，出色指挥了一系列大规模进攻战役。他指挥大兵团作战的气势和魄力，令后人叫绝。

库尔斯克战役后，苏军开始了第聂伯河会战，以中部和南部两大战场的7个方面军在1000至1200公里的宽大正面上实施进攻，目标是击溃当面德军，强渡第聂伯河，粉碎德军退守这一天险抵抗苏军的企图。科涅夫的草原方面军前进迅速，胜利解放了200年前彼得大帝与瑞典军队决战的名城波尔塔瓦，并在9月24日夜间渡过了第聂伯河，然后继续向前发展进攻，进展神速，以致最高统帅斯大林对在第聂伯河桥头堡受阻的沃罗涅日方面军司令员尼古拉·费多罗维奇·瓦图京和在该方面军督战的大本营代表朱可夫提出严厉批评，指责他们行动不坚决，并拿科涅夫给他们做榜样。为了让他们获取占领基辅的荣誉，总参谋部甚至不让态势更有利的罗科索夫斯基的部队向南进攻基辅。朱可夫和瓦图京在总参谋部的关照下迅速更变部署，终于突破了德军防线，收复了苏联第三大城市——乌克兰

【成长箴言】
　　如果青春的时光在闲散中度过，那么回忆岁月将会是一场凄凉的悲剧。世上真不知有多少能够成功立业的人，都因为把难得的时间轻轻放过而致默默无闻。

首府基辅。

随后，瓦图京和科涅夫两个方面军(1943年10月起改名为乌克兰第一、第二方面军)继续向西进攻。1944年1月下旬，他们两军以勇猛突击将德军约10个师合围在科尔松—舍甫琴科斯基突出部（切尔卡瑟钢铁合围战）。德军"南方"集团军群总司令弗里茨·埃里希·冯·曼施泰因眼见德军重兵陷入合围，赶紧拼凑了6个坦克师前去解救。汉斯·瓦伦丁·胡贝上将亲自向被围德军发电报说："可以像依靠石头墙一样依靠我。你们将从合围中被解救出来。"德军强大的坦克集团发起了凶猛的进攻，突破瓦图京部队的防线。科涅夫立即命令自己的部队冲过两个方面军的分界线，封闭了德军杀开的缺口。此举大受最高统帅斯大林的赞赏。

斯大林决定，由科涅夫指挥所有对内正面的部队，负责歼灭被围德军；在对外正面的部队则由瓦图京集中指挥，负责阻击敌人的援军。实际上，斯大林是把消灭德军重兵集团的荣誉给了科涅夫。因为按当时的惯例，只有歼灭敌人的部队才能得到首都莫斯科的礼炮致敬。科涅夫没有辜负最高统帅的期望，在他的劝降书没有得到德国人的响应后，他下达攻击令，展开了一场大屠杀，在他的猛攻下，许多失魂落魄举手投降的德国士兵的双手都被他的骑兵连手一起砍断。这是苏军继斯大林格勒战役后又一次围歼德军的重兵集团。2月18日，苏联首都莫斯科隆重鸣放礼炮，向科涅夫和乌克兰第二方面军部队致敬。最高统帅斯大林亲自在电话中向科涅夫表示感谢。这场大捷使科涅夫得以超越斯大林格勒的英雄罗科索夫斯基和瓦图京，在苏联卫国战争中继朱可夫、华西列夫斯基和斯大林之后第四个荣获苏联元帅军衔。

把曼斯坦因送回老家

科尔松—舍甫琴科夫斯基战役之后,由于春季解冻的雪水融化,使苏联南方成为泥泞的海洋,德军以为在这种天气里,苏军的坦克机械化部队无法行动,而且经过冬季的苦战后,红军也必须休整,难以开展新的攻势。他们希望能获得喘息的机会,以重整旗鼓,但德军不曾想到的是,苏联T—34坦克的履带比德国坦克宽,能在泥泞中行驶自如,同时美国援助苏联的大量卡车具有比德国军用车辆更出色的越野性能,更重要的是苏军在经过整个冬季的激战之后,仍然具有饱满的精神和高昂的士气。

结果,苏军出乎德军的意料,在南方发动了声势浩大的春季攻势,3个乌克兰方面军以摧枯拉朽之势席卷南部战场。科涅夫指挥的乌克兰第2方面军攻势凌厉,发起了乌曼—博托沙尼战役,尽管无边的泥泞使苏军的T—34这样出色的坦克也时常陷入泥中,汽车和大炮更难以前进,只能用人力推动,但科涅夫的大军还是在短短一月内挺进了200~600公里。在苏军的神勇进攻面前,德军丢下陷在泥中的坦克、大炮和车辆,依靠骑牛或步行,几乎是"赤条条地"从乌克兰逃走。

科涅夫部队在进攻中毙俘敌8万余人,冲入德国南方集团军群在文尼察的总部和补给中心。击毁和缴获600辆坦克和220辆装甲车。3月底,前锋部队进入罗马尼亚境内。这是苏军在伟大的卫国战争中首次前出到国境线。消息传出,苏联举国振奋,首都莫斯科以最高等级的礼炮——324门火炮齐鸣24响,庆祝这一重大事件。德军的南方战线在3个乌克兰方面军排山倒海的进攻之下迅速崩溃,曾是德军显赫战将的德军"南方"集团军群总司令曼施泰因和"A"集团军总司令克莱斯特为此双双被希特勒免职。

【成长箴言】

字典里最重要的3个词,就是意志、工作、等待。我将要在这3块基石上建立我的金字塔。

消灭"北乌克兰"集团军群

乌克兰战役结束时,由于瓦图京大将于1944年4月15日被乌克兰游击队打死,暂时接管乌克兰第一方面军的朱可夫判断失误,在卡梅涅茨—波杜尔斯基口袋战役让德国坦克第一集团军完整的从包围圈跑掉而被斯大林免职,而战功显赫的科涅夫元帅奉命把两个方面军合并为一个新的部队。这时的苏联乌克兰第1方面军是苏军最强大的方面军,兵力达120万人,拥有2050辆坦克和自行火炮,3250架飞机。科涅夫的下一个目标是粉碎德军最强大的"北乌克兰"集团军群。该集团军群有90万人,900辆坦克,700架飞机。在苏德战争中,这还是红军首次单独以一个方面军对德军一个集团军群,这表明红军的威力在战争过程中得到极大提高。

7月14日,科涅夫发动了史称利沃夫—桑多梅日战役的攻势。科涅夫在这次战役中再次显示了他的能攻善战和指挥大兵团作战的卓越才干。他大胆地将方面军编成为90%的坦克和自行火炮集中在主要突击方向,对敌形成强大优势。进攻开始后,苏军步兵在强大炮火支援下,经英勇奋战在德军坚固防御体系上打开了一条长18公里、宽4~6公里的突破走廊。这样狭窄的走廊本来并不适合坦克部队进入,应等待步兵将其向两翼扩展后,才能投入坦克兵团发展攻势,但拖延下去德军就有调来援军反击的可能。

科涅夫当机立断,下令近卫第3和第4两个坦克集团军立即投入进攻。苏军强大的坦克兵团雷霆万钧地进入突破口后,德军的防线迅速崩溃。科涅夫的大军横扫当面德军,仅在7月份的作战中,就毙、伤、俘敌20余万,彻底打垮了"北乌克兰"集团军群,并且跨过维斯瓦河在对岸建立了桥头堡。尽管苏军的进攻势如破竹,但老练的科涅夫仍然在进攻中有意地保存了预备队近卫第5集团军的实力,没有让它过多地卷入交战,直到抵达维斯

瓦河后，才将这支最精锐的部队投入战场，结果德军尽管出动了强大兵力，甚至首次动用了最新型的"虎王"式坦克，对苏军的桥头堡反复发动进攻，却始终未能消除苏军的登陆场。

【成长箴言】

　　没有激流就称不上勇进，没有山峰则谈不上攀登。山路曲折盘旋，但毕竟朝着顶峰延伸。

"社会主义劳动竞赛"

　　1945年1月，科涅夫率领乌克兰第一方面军，同朱可夫指挥的白俄罗斯第一方面军从各自在维斯瓦河的登陆场向希特勒德国发起了最后的强大攻势，直指第三帝国的巢穴柏林，这就是第二次世界大战中最壮观的维斯瓦河—奥得河战役。这两个方面军共有220万人，7000辆坦克和自行火炮，5000架飞机，33500门火炮和迫击炮，其中乌克兰第一方面军拥有110万人，3244辆坦克和自行火炮，2582架飞机，1.6万门火炮和迫击炮。这两路大军原定在1月20日发动攻势，但由于德军在阿登展开了强大进攻，使英美军队的战线陷入危急之中，西方盟国紧急向苏联呼救，因此苏军最高统帅部下令攻势提前在1月12日进行。

　　这意味着苏军将在风雪交加的恶劣天气里无法得到航空兵的支援，只能依靠炮兵和坦克进行突破。但是战役开始后，苏军的进攻威力丝毫未减，原因是科涅夫素来重视炮兵突击，早在战役的准备阶段，他就亲率各集团军司令员、军长、师长们察看了整个战场前沿，在突破方向集中了强大的炮兵集团，每公里正面的火炮密度达到250~280门，有的地段甚至达到300门。

　　进攻开始后，苏军炮火的猛烈程度有如山崩地裂，虽然炮火准备只持续了1

小时47分钟，德军却感觉似乎不下5小时。苏军空前的炮火威力，使素以顽强著称的德军竟然失去控制，纷纷擅自脱离阵地向后溃逃。苏军在第一天就突破了德军的主要防御地带，科涅夫不给德军任何喘息和反击的机会，在当天中午就下令两个坦克集团军进入突破口发展进攻，迅速击溃了德军。德国将军蒂佩尔斯基希在其名著《第二次世界大战史》中描绘这场进攻说："突破是如此猛烈，它不仅打退了第一梯队的师，而且打退了很强的快速预备队……深深楔入德军战线的兵力如此之多，以致要消灭他们，哪怕是限制一下他们都已不可能……苏联军队很快将其坦克兵团投入了打开的缺口，其主力开始向尼达河推进……"另一位德国将军梅林津（坦克战的作者）也评论说："苏联人的进攻以前所未有的威力和速度发展着。很清楚，他们的最高统帅部已经完全掌握了组织大量机械化集团军进攻的方法。"

科涅夫的方面军向前长驱直入，与朱可夫的方面军一起，在23天中向前神速挺进了600公里，扩大突破近1000公里，渡过奥得河并在对岸占领了战役登陆场。在23天的作战中，仅乌克兰第一方面军就俘敌官兵4.3万人，歼敌15万余人，缴获300多辆坦克和200多架飞机。科涅夫在神速的进攻中，还以巧妙的机动完整地夺取了西里西亚工业区，这是欧洲居鲁尔区之后的第二大工业区。他的大军越过奥得河后并未停息，而是一鼓作气地又打到尼斯河，与朱可夫大军一起对德国首都柏林形成威逼态势。

斯大林原来的意图是让红军统帅中最有声望的朱可夫指挥白俄罗斯第一方面军占领柏林，但由于德军向首都集结百万重兵，摆出了全力固守的架势，因此有必要让科涅夫指挥的实力强大的乌克兰第一方面军也加入柏林方向作战。由谁的部队攻占柏林，成为摆在斯大林面前的难题，因为这二人都战功赫赫。他踌躇再三，最后决定让这两位统帅进行竞争，谁的部队最先打到柏林，就让其攻占柏林。为了争夺攻占希特勒巢穴和德国首都的荣誉，朱可夫和科涅夫这两位红军的最杰出统帅都

【成长箴言】

只有登上山顶，才能看到那边的风光。即使道路坎坷不平，车轮也要前进；即使江河波涛汹涌，船只也要航行。

使出了浑身解数(此事被苏军戏称为"展开社会主义劳动竞赛")。

4月16日,进攻柏林的战役开始后,朱可夫的白俄罗斯第一方面军在第一天中就发射了123万发炮弹,这是迄今为止东线的最猛烈炮火,令德军的幸存者们日后无不谈虎色变;而科涅夫的乌克兰第一方面军稍后开始的炮火准备,比白俄罗斯第一方面军更为猛烈,以至当毁灭性的炮火准备停止后,许多德军士兵甚至小分队都不顾指挥部的死守命令,纷纷溜之大吉。凭借压倒一切的炮火威力和强击机撒布的烟幕掩护,科涅夫的大军顺利地渡过了尼斯河,突破了德军防线,并打退了德军以大量坦克进行的反冲击。科涅夫命令他的两个坦克集团军司令员:脱离方面军的主力部队,更大胆地向战役纵深挺进,不要顾及后方,因为他本人作为方面军司令员,将在他们身后亲自保障其后方的安全。随后他接到斯大林的电话,最高统帅告诉他,朱可夫的部队遇到德军的顽强抵抗,进攻受阻,询问是否可以将朱可夫的两个坦克集团军调过来,通过他的方面军打开的缺口向柏林方向突击。科涅夫认为这将造成很大混乱,现在他这里战事发展顺利,他完全可以用自己手中的两个坦克集团军向柏林进攻。斯大林表示同意,让他把坦克集团军转向柏林。接完电话后,科涅夫立即向两个坦克集团军司令下达命令,让他们向柏林方向迅猛发起进攻。两个坦克集团军接

令后,立即风驰电掣地杀向柏林,于4月22日进抵柏林城郊。

4月25日,乌克兰第1方面军同白俄罗斯第1方面军在波茨坦胜利会师,将柏林完全包围,并在当天进抵易北河畔,同美军实现了历史性的"易北河会师"。朱可夫狂怒之下,不惜使用人海战术冲破泽洛高地,接着又动用总参谋部的人缘,在划分了两军的分界线的时候把国会大厦划在了他那一边,不许科涅夫的军队靠近。虽然如此,乌克兰第1方面军还是分享了攻克柏林的荣誉。

消灭中央集团军群

柏林之战震撼了敌军,各路德军在首都陷落后大都停止抵抗,只在捷克斯洛伐克境内还有一个德军强大集团拒不投降,这就是费迪南德·舍尔纳元帅指挥的"中央"集团军群,它拥有近50个精锐师,总数近90万人。苏军最高统帅部命令科涅夫强大的乌克兰第一方面军主力迅速向捷克斯洛伐克境内出动,与乌克兰第2、第4方面军一起会歼该敌。科涅夫以最快速度将他的部队从柏林的废墟中撤出,重新进行部署,随着他一声令下,乌克兰第一方面军以10个坦克军、1600辆坦克向南方勇猛进击。科涅夫的坦克兵前进得如此迅猛,以致德军"中央"集团军群司令部在毫无提防的情况下被苏军的先头坦克部队所歼灭,90万德军失去指挥,陷入混乱。

5月9日,科涅夫的坦克部队进抵布拉格,与城中的起义者和随后到达乌克兰第2、第4方面军的部队会师,收拢了对舍尔纳主力集团的合围圈。90多万德军走投无路,被迫放下武器。为庆祝布拉格的解放,苏联首都以324门火炮的24次齐射,鸣放了苏德战争中最后一次庆祝战功的礼炮。几个小时后,莫斯科以1000门大炮齐鸣30响,庆祝卫国战争的胜利。

战后的科涅夫

科涅夫和朱可夫的矛盾是公开的,这里面有他们两位对建设现代化军队的不同见解,但更多的是两个个性很强的军人碰

【元帅语录】

告诉你使我达到目标的奥秘吧:我唯一的力量就是我的坚持精神。

撞的结果。朱可夫元帅是一个杰出的军人，但却是一个最差的上级，他性格中的一个重大缺点是过于以自我为中心，从不知道尊重别人的感觉。他很难容忍部下的不同见解，而在战事不顺时，他往往会迁怒于部下，这表现为他多次毫无理由地对部下甚至包括高级将领进行毫无理由的当众侮辱。由于朱可夫的杰出功绩，他的这些缺点往往被大多数人，包括那些被他羞辱的人所容忍，或至少敢怒不敢言。但这不包括个性同样很强的科涅夫，即使在朱可夫的威望处于顶峰的时候，科涅夫也从不讳言对朱可夫的某些行为的不满。

这两位名将关系的最终破裂当然是在著名的柏林战役中，由于斯大林不公正地偏袒朱可夫，使得科涅夫失去了"柏林征服者"的桂冠，这使得科涅夫对朱可夫的看法坏到了极点。不过这反过来使得科涅夫有机会表达他的性格中十分光彩的一面，如果不提到这点，对他是十分不公平的。那是在1946年，斯大林决定清除在军队中具有太高威望的朱可夫本人，当时在全体军队高级将领出席的会议上，斯大林向大家出示了有关朱可夫在军队中密谋组织反党组织，阴谋夺取国家权力的"证据"，经历了30年代的大肃反的人都知道这意味着什么。

在众人都保持沉默的情况下，完全出人意料的是科涅夫元帅第一个站起来为朱可夫辩护，表示他决不相信朱可夫参预这样的密谋。这需要多大的勇气！由于科涅夫的带头，其他的将领也纷纷为朱可夫辩护，这使得朱可夫仅仅被贬为奥德萨军区司令。有意思的是，在那以后，科涅夫并没有向朱可夫表示和解，反而继续对朱可夫进行攻击，显然他认为虽然朱可夫不可能会搞政变，但却绝不是一个可以托付以建设军队的理想人选，到了1950年他也被降级，调到了喀尔巴阡军区当司令员。在斯大林逝世后，朱可夫和科涅夫都得到了升迁的机会，他们参与了逮捕贝利亚及其同伙的行动。即使在朱可夫东山再起再次掌握大权后，科涅夫仍没有停止对他表示反感，这至少说明科涅夫不是一个背后捅刀子的小人。

【元帅语录】

要谦虚，你们在任何时候也不要以为自己什么都知道。不管别人怎样器重你们，你们总要有勇气对自己说："我没有学识。"

他和朱可夫在建军道路上有根本的不同，他从来没有忘记自己是政治委员出身。

1957年，掌权后的赫鲁晓夫开始对朱可夫下手。不久，《真理报》刊登了一篇文章，标题为《苏军听从党指挥，与人民心连心》，文章的署名为科涅夫。文章指责朱可夫是波拿巴主义分子，有发动军事政变夺取政权的野心，同时还罗列了他犯下的条条罪状。这篇文章其实并非出自科涅夫之手，而是由菲利普·伊万诺维奇·戈利科夫元帅领导的苏军总政治部炮制的。在此前的某天晚上，有人把这篇文章送到了科涅夫家，让他在上面署名，并说这是中央委员会的决定。科涅夫觉得事情重大，几乎一夜未眠，他尽可能软化了批评的口气。做完这些后，他给赫鲁晓夫打电话，希望不要发表这篇文章。但他心里清楚这样做不会有结果，因为他知道赫鲁晓夫为什么要对朱可夫进行政治攻击。

赫鲁晓夫在电话那头强硬地说："你想干也罢，不想干也罢，反正文章都得用你的名义发表。"朱可夫看到这篇文章简直被气晕过去了。一次在街上巧遇科涅夫时，朱可夫冷冷地对他说："伊万·斯捷潘诺维奇，请为我写一篇辟谣文章！"科涅夫回答道："格奥尔吉·康斯坦丁诺维奇，这是党的决定，在我们国家这就是法律。"

将军们在战场上叱咤风云，但在政治斗争领域却一筹莫展，最后彻底沦为政治阴谋的牺牲品。据著名作家康斯坦丁·西蒙诺夫的描述，斯大林在战争期间懂得一将难求的道理，决不让各方面军司令受屈，而是想方设法提高他们的威信，并将他们置于自己的保护之下，使其免遭党内官僚的侵扰。但与斯大林不同的是，赫鲁晓夫并不善于倾听

将军们的意见。

科涅夫在职时坚决反对大幅裁减军队，反对只顾发展战略火箭军而牺牲其他军种。赫鲁晓夫曾在会上冲科涅夫高声尖叫："你为什么不在文件上签字？部长都已经签了！"科涅夫回答说："我不会签字，我有自己的看法。"在他们的一次谈话中，赫鲁晓夫气急败坏地说："我会让你低头服输！"对于一位战功显赫的元帅来说，科涅夫一生从未听人对他说过这种狠话。

1961年，民主德国在动荡局势下开始修建柏林墙，赫鲁晓夫当时就放言说："应该立即采取武装行动。"从而导致苏联和美国的关系急剧紧张，双方坦克在弗里德里希大街面对面对峙了一昼夜。战争一触即发的危急关头，赫鲁晓夫才想到了科涅夫。时任美国驻欧洲陆军总司令，正是当年和科涅夫打过交道的布莱德利将军。当科涅夫飞抵柏林后，双方的坦克很快都撤了下来，一场大战危机烟消云散了。

1962年，赫鲁晓夫授意剥夺了科涅夫元帅的权力。这并不是科涅夫见识政治无情的极致，当年在贝利亚受审期间，科涅夫任特别法庭主席。在对贝利亚留下的文件进行审查时，科涅夫目睹了从前对他的大量告密文件，而这些告密者竟是被他视为最亲密的伙伴和战友的人，这恐怕是令科涅夫元帅终生遗憾和失望的事情。

离任后，科涅夫元帅继续勤奋地学习、研究历史、撰写回忆录。科涅夫是一个讲故事的好手，只可惜听众太少。当科涅夫身患重病时，政府要员中只有柯西金来医院探望过，他在元帅床边坐了很长时间，与科涅夫讨论现行政策，并共同追忆往事。

60年代末，当朱可夫和华西列夫斯基都被边缘化，甚至连召开反法西斯胜利纪念日也没有他们俩的位置时，使科涅夫深感不平，写信给当时的国防部长马利诺夫斯基和中央，指出这样对军队和英雄都不公平，使朱可夫和华西列夫斯基重新回到

【元帅语录】

敢于向黑暗宣战的人，心里必须充满光明。崇高的理想就像生长在高山上的鲜花，如果要摘下它，勤奋才是攀登的绳索。

了大众的视野中。

1967年12月28日，在科涅夫七十大寿的庆祝仪式上，朱可夫与科涅夫见了最后一面，这成为两位元帅和解的标志。康斯坦丁·米哈依洛维奇·西蒙诺夫在书中描写了此次相会："命运是如此安排，戏剧性地把他俩彼此长久分隔。但如果我们把视野放到更遥远的过去，战火硝烟却戏剧性地把他们联系在一起。在人民缅怀战争岁月的时候，他俩的名字比其他人更频繁地并列在一起！"这是元帅们的黄昏，几年之后，两个人都相继离开了人世。

第三章　军事学术思想中心

　　伏龙芝军事学院是俄罗斯军事学术思想的中心之一。有许多著名的俄罗斯军事科学界代表人物在这里工作。由于伏龙芝军事学院对苏联武装力量的建设和发展所做出的杰出贡献，因此它被人们冠以"红军的大脑"的美誉。

第一课　红军的大脑

> **大学名言**
>
> 勇士搏出惊涛骇流而不沉沦，懦夫在风平浪静也会溺水。

伏龙芝军事学院是俄罗斯军事学术思想的中心之一。有许多著名的俄罗斯军事科学界代表人物在这里工作，他们是：Н.Е.瓦尔福洛梅耶夫、К.Е.韦利奇科、А.И.韦尔霍夫斯基、М.Р.加拉克季奥诺夫、А.М.宰翁奇科夫斯基、Г.С.伊谢尔松、Д.М.卡尔贝舍夫、А.К.科利诺夫斯基、В.Ф.诺维茨基、А.А.斯韦钦、М.Н.图哈切夫斯基、В.К.特里安达菲格夫等。

学院的学者们撰写了许多很有价值的军事理论和军事历史著作、教科书、教学参考书、书籍和小册子。

20世纪30年代开展对大纵深战役新理论的研究，是学院军事科研工作的重要阶段。

战役战术教研室和战役系为这一理论的创立作出了重大贡献。

1938年起出版了论述苏联军事学术

> **【元帅语录】**
>
> 给自己定目标，一年，两年，五年，也许你出生不如别人好，通过努力，往往可以改变70%的命运。破罐子破摔只能和懦弱做朋友。

理论和实践各种新问题的学术论文集。苏德战争年代，军事科研工作主要是总结作战经验，以讲义、战例汇编、情况通报和单行本参考材料等形式向学员和部队介绍。

战后，出版了《苏德战争合同战术战例》(1~6卷)、《苏德战争时期苏军战术的发展(1941—1945)》，以及9种教科书、120种教学参考书。还积极参加了条令和教令的拟制工作，撰写了210余篇有关战役学和战术学的科研著作。

在军事各领域发生根本变革、新的作战兵器出现、各兵种和专业兵种发生质变的时期，对战术和战役学问题进行综合研究，论证战役战术对新式兵器和军事技术装备的要求、对教育训练问题、战争史和军事学术史的研究，成为学院全体科研人员的中心课题。

军事学者、教研室领导人、教授和科学博士Г.Ф.比留科夫、В.Я.格兰金、М.М.基里扬、Г.А.洛博夫、В.Я.彼得连科、В.Г.列兹尼琴科、Р.Г.西莫尼扬等人在开设新的教学课程和研究现实学术问题方面做出了重大贡献。

许多有价值的著作受到了苏联国防部的通令嘉奖，其中一部还

荣获伏龙芝奖金。发行量很大的《战术》一书深受苏军将官和军官们的欢迎。

几十年来,学院为苏联武装力量培养了数以万计的高级军事指挥人才,苏联红军的元帅和高级将领大都出自于这所学府。由于伏龙芝军事学院对苏联武装力量的建设和发展所做出的杰出贡献,因此它被人们冠以"红军的大脑"的美誉。

大学小百科

　　1919年4月19日和6月14日,列宁两次亲临学院,对开赴东方面军、西方面军和南方面军的学员发表了热情洋溢的临别赠言。列宁一向十分关心学院的活动,经常给以多方面的支持。国内战争时期,有三分之一的学员因积极赴前线作战而荣获红旗勋章。党组织在学院生活中发挥了巨大作用,共产党员在教学和军事学术活动中都起了先锋作用。

第二课　高等军事文化人才

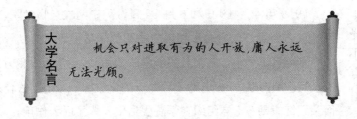

大学名言

机会只对进取有为的人开放，庸人永远无法光顾。

伏龙芝军事学院为俄罗斯武装力量培养了大批军事人才，它的毕业生成为苏联军队的中坚力量，在战争和和平年代都起到了巨大的作用，因此伏龙芝军事学院也成为世界上最有盛誉的著名军校之一。

伏龙芝军事学院创建初期，学院的毕业生成了红军的骨干力量，表现十分出色，对肃清白俄反动势力和战胜外国干涉军起到了十分重要的作用。其中最著名的学员有恰帕耶夫（夏伯阳）和切韦列夫。

在卫国战争爆发后的两年半时间内，从伏龙芝学院直接去前线的将军和其他军官就有6000名以上，其中包括在高级首长进修班毕业的朱可夫、罗科索夫斯基、索科洛夫斯基、罗特米斯特罗夫、巴格拉米扬、崔可夫等高级将领。

学院先后培养了数万名具有高等军

【元帅语录】

目标的坚定是性格中最必要的力量源泉之一，也是成功的利器之一。没有它，天才也会在矛盾无定的迷径中徒劳无功。

事文化程度的诸兵种合成军队军官。许多毕业生在苏德战争中成长为统帅和高级军事首长,其中有:苏联元帅巴格拉米扬、比留佐夫、戈沃罗夫、格列奇科、叶廖缅科、朱可夫、扎哈罗夫、科涅夫、马利诺夫斯基、梅列茨科夫、罗科索夫斯基、索科洛夫斯基、托尔布欣、崔科夫、炮兵主帅沃罗诺夫、空军主帅诺维科夫等。

苏德战争开始后,学院积极参加建立莫斯科防区。教员们参加了首都民兵部队和歼击队的培训。仅1941年就为作战部队输送军官约3000名,而在整个战争年代共向部队输送了1.1万名训练有素的指挥员和参谋人员。他们没有辜负党和政府的信任,其中很多人成了苏联英雄,荣获政府崇高奖赏。不少毕业生和教员在对德国法西斯侵略者作战中献出了自己的生命,其中有:大将阿帕纳先科和瓦图京,上将基尔波诺斯,中将叶夫列莫夫,工程兵中将卡尔贝舍夫等。

毕业于合成军队学院及前身伏龙芝军事学院的著名将领很多,苏联元帅朱可夫、崔可夫、格列奇科、沃罗诺夫、比留佐夫等均是享誉世界的著名军事家。合成军队学院与我军的关系也很密切,我军著名的刘伯承元帅、八路军副总参谋长左权将军、原空军司令员刘亚楼上将等都曾到伏龙

芝学院留学深造。从1997年起,我军逐步扩大与俄军的军事交流,逐年向该院选派军事留学生。

伏龙芝军事学院历任院长:1918-1919年,A.K.克利莫维奇;1919-1921年,A.E.斯涅萨列夫;1921-1922年,M.H.图哈切夫斯基;1922年1-8月,A.И. 黑克尔;1922-1924年,П.П. 列别杰夫;1924-1925年,M.B. 伏龙芝;1925-1932年,P.П.埃德曼;1932-1935年,B.M.沙波什尼科夫(一级集团军级);1935-1937年,A.И.科尔克(二级集团军级);1937-1939年,E A.夏坚科(军政委级);1939-1941年,M.C.霍津(二级集团军级,1940年6月起为中将);1941-1944年,H.A.韦廖夫金-拉哈利斯基中将;1944-1948年,H.E.奇比索夫上将;1948-1950年,B.Д.茨韦塔耶夫上将;1950-1954年,A.C.扎多夫上将;1954-1968年,П.A. 库罗奇金上将 (1959年5月晋升为大将);1968-1969年,A.T. 斯图琴科大将;1969年起A. И. 拉济耶夫斯基上将(1972年11月晋升为大将)。

第三课　伏龙芝军事学院名人榜——崔可夫元帅

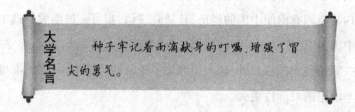

大学名言　　种子牢记着雨滴献身的叮嘱，增强了冒尖的勇气。

生平简介

瓦西里·伊万诺维奇·崔可夫，1900年2月12日出生于贫苦农民家庭里，1917年在俄国波罗的海舰队当水兵，十月革命后加入红军，1919年加入苏共。苏联国内战争期间，历任连长、团长，并获得两枚红旗勋章。1922年8月进入伏龙芝军事学院第五期学习，1925年8月毕业后继续在伏龙芝军事学院东方系中国部深

【元帅语录】

决不要陷于骄傲。因为一骄傲，你就会拒绝别人的忠告和友谊的帮助；因为一骄傲，你就会在应该同意的场合固执起来；因为一骄傲，你就会丧失客观方面的准绳。

造，在此期间学会了汉语，1927年毕业后被派往中国担任军事顾问。1929年参加了因中东路事件而爆发的中苏战争。

大清洗期间，崔可夫等年轻军官得以快速提升，以填补那些被清洗掉的高级将领留出的空位。

1938年崔可夫已经是集团军司令，少将军衔。

1939年9月崔可夫指挥第4集团军参加了入侵波兰的行动。在其后的苏芬战争中崔可夫担任第9集团军司令，但因作战不利被解职。

1940年因有出使中国的经历，且通晓汉语，崔可夫被斯大林选中再次出使中国，担任苏联军事顾问团团长，成为蒋介石的军事顾问。在华期间，崔可夫除协助中国抗日外，还大量收集了中日两国情报，并据此准确判断出日本南进的可能性更大。

苏德战争爆发后，崔可夫请求回国参战。

1942年3月崔可夫结束了在中国的使命回国，5月被任命为第64集团军副司令，7月率部开赴斯大林格勒前线，9月被派往第62集团军担任司令。

崔可夫指挥部队一次又一次地击退了数倍于己的德军的进攻，完成了苏联最高统帅部"不许后退一步"的任务。因在斯大林格勒战役中的英勇表现崔可夫获得"苏联英雄"称号。

1943年4月，第62集团军被改编为第8近卫集团军，崔可夫担任司令并指挥该集团军参加了库尔斯克战役、白俄罗斯战役、明斯克战役、维斯瓦河—奥得河战役，一直打到德国柏林。其间崔可夫又一次获得"苏联英雄"称号，并晋升为上将军衔。

战后，崔可夫先后担任驻德苏军副总司令、总司令，基辅军区司令员，国防部副部长，陆军总司令等职，1955年获苏联元帅军衔。

世界大战的战场上,骁勇善战的将领为数不少;但是,拥有外交生涯的勇将却不多见。而朱可夫就是一位这样的将领。

参加军事训练班

1900年2月12日,崔可夫出生在俄国图拉省一个叫做谢列布里亚内普鲁德村的农民家庭里。

家庭的贫困,使他在12岁那年就离家出走,来到彼得堡挣钱糊口,开始了自食其力的生活。

崔可夫在彼得堡做工的工厂叫彼得·萨韦利耶夫工厂,位于彼得堡市中心,专门制造马刺。

这一时期的俄国正处于阶级矛盾日趋尖锐、社会主义革命即将爆发的前夜,在这一历史转折关头,崔可夫在工人中受到进步思想的影响,特别是在他的两个哥哥服役的波罗的海舰队的水兵中,他大量接触了无产阶级革命的新思想。

他阅读了《共产党宣言》,看到了许多布尔什维克的报纸和传单,思想觉悟有很大的提高。

他曾在回忆录中写道:"在那个时候,我还不懂得宣言里所说的深奥的理论,但我深深地懂得:无产阶级失去的只有枷锁,而他们将得到的是整个世界。工人阶级在反对资本家和地主的斗争中将起决定性作用。"

1917年,崔可夫在喀琅施塔得水雷手中队当见习水兵。

【成长箴言】

　　自然界没有风风雨雨，大地就不会春华秋实。只会幻想而不行动的人，永远也体会不到收获果实时的喜悦。勤奋是你生命的密码，能译出你一部壮丽的史诗。

　　1918年春，崔可夫在经历了俄国十月革命这一伟大的历史变革之后，进入红军莫斯科军事教官训练班，成为第一期学员。

　　在训练班，崔可夫接受了严格的军事训练，军事素质有了极大的提高。令他难忘的是，1918年7月2日，列宁来到军事训练班，并发表了演说。能亲眼看到革命领袖列宁，并聆听他的讲话，令崔可夫激动不已。

　　在军事训练班，崔可夫第一次参加了保卫新生革命政权的战斗，平定了莫斯科"左派"社会革命党人的反革命叛乱。

　　这次战斗很快就结束了。然而，新生革命政权所面临的国内白匪叛乱、国外帝国主义武装干涉的严峻形势，促使崔可夫投身到更为广阔的战场和更加激烈的战斗中去。

乱世从军

　　从军事训练班毕业后，崔可夫参加了国内战争，在南方面军任副连长。

　　1918年11月和1919年5月先后在东方面军和西方面军第2集团军第28师第40团任副团长、团长。

　　在1919年春天，他率部参加了粉碎高尔察克匪军的战斗，并于5月初击退了高尔察克的进攻。由于崔可夫在战斗中的出色表现，5月4日，他被接受加入了布尔什维克党。

　　在粉碎高尔察克匪帮后，崔可夫被调往西方面军任团长，参加了对波兰白匪军的战斗。由于作战英勇，崔可夫在这一时期荣获两枚红旗勋章。

平息国内叛乱并粉碎了帝国主义武装干涉后，崔可夫于1925年进入伏龙芝军事学院深造。结束学业后，他于1927年来到中国，任驻中国军事顾问。

1929年回国后任红旗远东特别集团军司令部处长。

1932年9月任首长进修班主任。

1936年，崔可夫进入工农红军机械化和摩托化学院速成班学习。毕业后，于同年12月任机械化旅旅长。

1938年4月任步兵第5军军长。

从1938年7日起，他先后任白俄罗斯特别军区博布鲁伊斯克集团军级集群司令员、第4集团军司令员，并指挥集团军参加了解放西白俄罗斯的进军。

1939至1940年，苏芬战争时期，崔可夫担任第9集团军司令员，指挥部队参加了战斗。长期的军旅生涯磨砺，崔可夫已成为一位出色的红军高级指挥员，成为一名统帅军队独当一面的战将。

被派往中国

1922年，国内战事停息下来，崔可夫申请系统学习军事理论，他十分向往进入伏龙芝军事学院深造。

1922年8月，崔可夫如愿以偿地成为伏龙芝军事学院第五期学员。在3年的时间里，崔可夫得以系统地学习了军事理论，使自己的军事理论素养在丰富的实战经验基础上得到很大的提升。

1925年8月，崔可夫以优异成绩随第五期学员们如期毕业；院长伏龙芝元帅向毕业学员提出贺词："为部队军事技能和政治觉悟的提升，奉献出全部力量。"

【成长箴言】

对于攀登者来说，失掉往昔的足迹并不可惜，迷失了继续前时的方向却很危险。奋斗者在汗水汇集的江河里，将事业之舟驶到了理想的彼岸。忙于采集的蜜蜂，无暇在人前高谈阔论。

由于学业优异，崔可夫被学院决定留在东方系的中国部继续作为期一年的深造。东方系的主要任务是培养新一代的军事外交官，对学员的要求十分严格。

崔可夫在东方系中国部学习期间，将大量时间和精力用于学习汉语，并经常去纳里曼诺夫东方大学，与中国留学生一起讨论有关中国的问题。

1926年秋，伏龙芝军事学院东方系中国部的实习生崔可夫，以外交随员的身份，随资深外交官克罗日科前往中国。

在首次的中国之旅中，他先后到过中国的哈尔滨、长春、旅顺、大连、天津、北京。

此时的中国正处在战乱之中，崔可夫深切感受到战乱给中国人民带来的苦难。

1927年秋，崔可夫正式完成在伏龙芝军事学院东方系的学业，再度前往中国，担任军事顾问。

在这次当军事顾问的两年任职期间，崔可夫四处游历，足迹几乎遍布整个华北、华南和四川省。他进一步加深了对中国的了解，并学会讲一口

流利的中国话。

当时,中国军队里有不少的外国军事顾问;苏联的军事顾问遍布除共产党军队之外的各个战区。

【成长箴言】

　　我无论做什么,始终在想着,只要我的精力允许的话,我就要首先为我的祖国服务。

他很快就获知,蒋介石统率的部队有290个步兵师、14个骑兵师、22个炮兵团、6个迫击炮团及其他部队,总人数为385.6万人。

不久,崔可夫了解到实情是:中国有些部队只是徒有虚番号的空架子部队;中国很多部队的装备、战斗力和士气都很低;很多士兵仅是为了在军队里混饭吃而已,但他们有着吃苦耐劳、逆来顺受和忍气吞声的良好秉性;国共两党的军队没能建立起良好的协同作战关系(他本人也不便协调这种关系)。

崔可夫在与国民党军事领导人接触时发现,"他们容不得批评,甚至是最合理的批评"。

在就任蒋介石的总军事顾问期间,崔可夫制订过不少军事计划,但多数难以获得蒋介石的首肯。在重庆,崔可夫还广泛接触各国的驻华使节以搜集各种情报。他与美国驻华代理武官雷特上校、法国维希政府的驻华武官冯伊上校等人建立了良好的信任关系。

他对各种情报进行仔细的分析后,帮助莫斯科方面确定了日军的南进战略企图,为苏联政府与日本签订《苏日中立条约》以避免两线作战做出了自己应有的贡献。

回归莫斯科

1942年3月,崔可夫从遥远的中国回到了阔别20多年的莫斯科。崔可夫汇报了在中国的工作之后,就坚决要求上前线。5月,崔可夫被任命为配置在图拉地区的预备队第1集团军副司令员。司令员还没有任命,指挥部队的责任完全落在崔可夫的身上。

崔可夫上任时苏德战场的形势是,德国法西斯军队在莫斯科城下被击溃(参见莫斯科战役),德军在第二次世界大战中首次遭到重大失败,其用"闪电战"征服苏联的计划破产了。

德军统帅部并未就此而罢手,他们很快制定了1942年夏季战略进攻计划。该计划是在苏德战场南翼集中兵力,迅速攻占高加索和斯大林格勒,占领巴库,夺取石油资源,占领富饶的伏尔加河下游地区,然后北取莫斯科,南出波斯湾。

希特勒甚至妄想在北非的德意军队占领埃及并夺取苏伊士运河的同时,越过高加索进入中东。

面对气势汹汹的德军,苏军最高统帅部正确分析了形势,计划通过顽强的防御削弱并阻止德军进攻集团,不让它进至伏尔加河,从而赢得必要的时间来组训预备队,待条件成熟后转入反攻,以求全歼德军重兵集团,扭转苏德整个战场的形势。

七月初,最高统帅部命令将崔可夫中将指挥的预备队第一集团军改称第六四集团军,并将该集团军部署在顿河地区,其主要任务是在顿河或伏尔加河与顿河之间的某一地域接敌。

战争中的崔可夫

20世纪30年代初，苏军开始进行技术装备改造，组建了装甲和机械化部队，发展了空军、炮兵及其他兵种，并大力培养各级指挥官。

具有实战经验、系统军事理论素养和外交官履历的崔可夫被苏联军事委员会选派担任首长进修班主任职务。他在这一任上，极力推广新的军事理论和军事技术，深入探讨了纵深战斗和纵深战役理论，倡导走出传统的单一"阵地战的死胡同"。

1936年年初，崔可夫被选送红军机械化和摩托化学院的速成班学习；年底，他从速成班毕业后被分配担任机械化旅的旅长。此时，全苏联正陷入斯大林发起的一场大规模的清洗运动之中，为数众多的军队高级将领在这场暴风般的灾难中被无情地清洗掉；但崔可夫却奇迹般交上了青云直上的好运，开始大步跨入高级将领的行列。

1938年4月，年仅38岁的崔可夫被任命为步兵第5军的少将军长；仅仅3个月之后，他又升任白俄罗斯特别军区博布鲁伊斯克集群司令官。1939年年初，国际形势因希特勒德国的扩军备战而日趋恶化，位于苏联西部前哨的白俄罗斯特别军区进行重大改组，在原博布鲁伊斯克集群的基础上组建了第4集团军，39岁的崔可夫出任集团军司令官。

1939年9月1日，德国军队入侵波兰；两天后，英法两国对德宣战，第二次世界大战全面爆发。

9月17日，苏联政府宣布：波兰政府现已流亡国外，波兰国家已不复存在，苏波两国之间既定的全部条约一律废止；鉴于波兰局势已对苏联安全构成威胁，苏军将越过苏波边界，"解放"西乌克兰和西白俄罗斯。

随后，苏联政府组建了白俄罗斯方面军和乌克兰方面军。崔可夫指挥的第4集团军被编入白俄罗斯方面军，参加了入侵波兰的行动。

【成长箴言】

志在峰巅的攀登者，不会陶醉在沿途的某个脚印之中。海浪为劈风斩浪的航船饯行，为随波逐流的轻舟送葬。山路不像坦途那样匍匐在人们足下。

【成长箴言】

激流勇进者方能领略江河源头的奇观胜景。如果圆规的两只脚都动，永远也画不出一个圆。

斯大林格勒战役

斯大林格勒战役于7月17日开始，崔可夫所率第64集团军被部署在顿河大弯曲部。

7月25日，崔可夫参加了卫国战争中的第一次战斗。由于德军占有优势，苏军后援部队未能及时赶到，第64集团军被迫退过顿河。8月初，崔可夫的第64集团军被编入东南方面军，展开层层阻击战，阻滞德军接近斯大林格勒。

崔可夫还指挥部队不断对敌军主力实施强有力的反攻击，以消耗德军的有生力量。

崔可夫在指挥部队进行远接近地防御战中，多次遇到险情，他所乘坐的飞机因负伤被迫在草原上降落，他所在的指挥掩蔽部差一点被德军空投的炸弹命中。崔可夫置危险于不顾，仍然镇静地指挥部队。至9月12日，第64集团军的部队在敌人优势兵力的压迫下，经过英勇抵抗之后，撤退到距斯大林格勒2~10公里的防线上。

德军突击集团从东北和西南两面直接攻向斯大林格勒。斯大林格勒城区争夺战开始了。

在战役进行的关键时刻，方面军军事委员会召见了崔可夫。9月12日，

在方面军司令部，方面军司令员叶廖缅科上将和方面军军事委员赫鲁晓夫宣布，任命崔可夫为第62集团军司令员，接替认为这个集团军守不住斯大林格勒的洛帕京将军。崔可夫危难之际勇挑重担，他表示："我发誓决不

离开这座城市,我将采取一切办法坚守。我决心要么就守住城市,要么就战死在那里。"

从9月至战争结束(仅1943年10至11月间断),崔可夫一直任第62集团军(1943年4月16日改称近卫第8集团军)司令,从斯大林格勒一直打到柏林。

崔可夫接到任命后,立即赶赴第62集团军司令部,对部队进行了整顿,并经集团军军事委员会做出决定:斯大林格勒是我们最后的战场,为了保卫这座城市,不能继续后退,要与敌人背水一战;集团军司令部留在右岸斯大林格勒城内,在任何情况下,都不得向左岸或岛上撤退。

9月12日,希特勒下令第6集团军不惜任何代价,迅速攻占斯大林格勒。德军不顾重大伤亡,每天从早到晚连续冲击,市区争夺战达到白热化程度,市内的街道和广场都变成了激烈的战场。

崔可夫指挥部队进行了英勇抵抗。苏军利用建筑物组成支撑点和抵抗枢纽部顽强地阻击敌人。

为了鼓舞士气、坚守城市,即使在德军已突进到距指挥部1~3公里,指挥部队作战已很困难的情况下,崔可夫仍坚守岗位,拒绝把指挥部撤过伏尔加河。

【成长箴言】

　　如果你想攀登高峰，切莫把彩虹当作梯子。脚步怎样才能不断前移？把脚印留在身后。

　　整个10月份，斯大林格勒都处在激烈的战斗之中。10月中旬，希特勒向德军部队下达命令，除了斯大林格勒方向以外，在整个苏德战线上转入战略防御。

　　德军继续调兵遣将，向斯大林格勒实施猛攻。11月11日，德军发动了最后一次猛攻，第6集团军被分割成3部分，但崔可夫指挥部队仍然坚守在阵地上，凭借这三块阵地牵制进攻的德军。

　　在崔可夫率领第62集团军坚守斯大林格勒的同时，苏联最高统帅部利用这段时间在斯大林格勒地区悄悄集结了大量部队，并制订了围歼斯大林格勒地域敌军集团的作战计划。至11月18日，崔可夫率部守住了重要的战略要地，斯大林格勒会战苏军防御阶段结束。苏军开始了围歼德军集团的战略性进攻战役。

　　进攻开始后，崔可夫率部协同友军参加了围歼进攻的斯大林格勒德第6集团军的战斗。

　　1月26日，由西向东进攻的第21集团军与由东向西进攻的第62集团军在马马耶夫高地会师。德第6集团军被分成南北两个集群。崔可夫的第62集团军参加了围歼北部集群的战斗。

　　至2月初，德军全部停止抵抗，德第6集团军司令保卢斯元帅被俘。斯大林格勒会战以苏军的胜利而告结束。

　　斯大林格勒会战，是第二次世界大战中苏德战场上的一次决定性战役，它打破了希特勒灭亡苏联进而称霸世界的狂妄企图，成为苏联卫国战争的根本转折，乃至是第二次世界大战的重大转折。

　　这一时期，也是崔可夫戎马生涯中最艰难、最重要的时期，他率领第62集团军在长达两个多月的时间里，经受了德军优势兵力的多次进攻，守住了斯大林格勒，为整个会战的胜利做出了极为重要的贡献。

　　在保卫斯大林格勒的鏖战中，崔可夫坚守阵地拒不后撤，并研究和创造性地运用了城市作战的各种方法和模式，充分显示了他的英勇无畏和军事才干。而第62集团军经过战斗的洗礼，也威名大震。

斯大林格勒会战结束以后，崔可夫指挥的第62集团军被调入西南方面军编成内，并于1943年3月底，从斯大林格勒附近换防到北顿涅茨河的库皮杨斯克和斯瓦托沃地域，在这个地区进行休整、补充兵员和军事装备。

4月16日，最高统帅部大本营把第62集团军改编为近卫第8集团军。这是对崔可夫指挥的这支部队的战斗力的肯定和信任，是一种崇高的荣誉。最高统帅部大本营在训令中明确指出："把富有战斗经验和英勇顽强的部队组成近卫兵团（近卫步兵军、近卫集团军）留作预备或第二梯队，在进攻战役中把他们使用在主要突击方向上实施突破；在防御战役中，使用他们去实施反突击。"

此后，这支血战斯大林格勒的光荣部队就一直使用近卫第8集团军的番号，一路西进，直到攻克柏林。

库尔斯克战役

经过休整以后，崔可夫率领近卫第8集团军参加了库尔斯克战役，以及在西南方向实施的战略反攻，先后进行了伊久姆—巴尔文科沃、顿巴斯、尼科波尔—克里沃罗格、别列兹涅戈瓦托耶—斯尼吉廖夫卡等战役，以及强渡北顿涅茨河和第聂伯河、夜袭扎波罗热和解放敖德萨的作战，3月19日，崔可夫荣膺苏联英雄称号。

当崔可夫于4月10日率领部队解放敖德萨后，莫斯科为此鸣礼炮240响，以

> 【成长箴言】
>
> 　　不管多么险峻的高山，总是为不畏艰难的人留下一条攀登的路。让生活的句号圈住的人，是无法前进半步的。

庆祝这一胜利。

近卫第8集团军于6月初，结束了解放乌克兰地区的战斗，根据大本营的决定，该部队被编入白俄罗斯第1方面军，并被部署在主要突击方向，即解放白俄罗斯的作战方向上。

对苏军来说，解放白俄罗斯对于迅速进入波兰、攻占东普鲁士开辟通往德国的进攻捷径有着十分重要的意义。而德军也试图不惜任何代价，固守白俄罗斯。但此时的德军已是力不从心。

战役开始，苏军便不断突破敌军的防线，并于7月初，解放了明斯克，围歼了明斯克以东的德军集团。

卢布林—布列斯特战役

在白俄罗斯战役中，崔可夫率部参加了卢布林—布列斯特战役，他指挥集团军接连强渡西布格河和维斯瓦河，攻占了马格努谢夫登陆场，使苏军进入到波兰领土对德对战。至8月底，苏军在多别列、苏瓦乌基、华沙以东近郊、维斯瓦河以东，暂时转入防御。随后，崔可夫晋升为上将军衔。

维斯瓦河—奥得河战役

接着，崔可夫率近卫第8集团军参加了维斯瓦河—奥得河战役。1月12日，乌克兰第1方面军发起进攻，1月14日，崔可夫所在的白俄罗斯第1方面军也发起进攻。

崔可夫率部从马格努谢夫登陆场发

【元帅语录】
　　积累知识的系统性对于发展记忆的准备性帮助最大。

起突击,德军的防御很快被突破。苏军士气高涨,以每昼夜前进25公里的高速度向德军纵深挺进,先是解放了罗兹,并于1月25日强渡瓦尔塔河,突破了德军在波兹南的防线,合围了德军6万人。

崔可夫亲自指挥了攻克波兹南的战斗。尽管德军进行了顽强的抵抗,但至1945年2月23日,苏军终于占领了这座城市。与此同时,近卫第8集团军的另一支部队协同友军坚决向西挺进,并于1月28日攻抵德国边界。2月3日又前出到奥得河。

崔可夫命令近卫第4军从行进间强渡该河,占领了科斯钦南郊基茨、曼什诺夫、拉特什托起克等地。在2、3月间,苏军又进行了多次局部战斗,进一步巩固和扩大了苏军在奥得河左岸的登陆场。这里距离法西斯德国首都柏林只有70多公里了。

柏林战役

苏军进抵奥得河后,柏林战役的准备工作便迅速展开,大量的兵员和装备补充到部队。

苏军进行柏林战役的目标是:在宽大的正面上,尽可能同时实施数个强大的突击,合围并分割柏林集团,将其各个歼灭。苏联最高统帅部为了打好这最后一役,动用了3个方面军,即苏联元帅朱可夫指挥的白俄罗

斯第1方面军,苏联元帅罗科索夫斯基指挥的白俄罗斯第2方面军,以及由苏联元帅科涅夫指挥的乌克兰第1方面军。

崔可夫所在的白俄罗斯第1方面军的任务是:在格利岑、科斯钦、勒布斯地带内作战,并以科斯钦登陆场实施主要突击,在宽约70公里的正面突破敌人的防御,粉碎敌柏林集团,攻占柏林。

崔可夫率领的近卫第8集团军具体承担的任务,是在霍尔塔夫铁路车站和萨克多夫村地段突破敌人防御,并向塞洛、加尔策伊、沙尔勒滕堡方向突击。

当时,在柏林方向上,苏军以193个师250万兵力对德军的85个师100万人。苏军无论是在兵力上还是在技术装备上都占有压倒优势。但在近卫第8集团军进攻地带内,敌军在第一梯队部署了3个师的兵力,并拥有大量加强炮兵;在第二梯队也有3个师。特别是部队要攻克的塞洛高地,山坡陡峭,德军在此建立了强大的防御支撑点。所以,崔可夫部担负的任务仍然是很艰巨的。

4月15日晨5时,柏林时间晨3时,苏军发动全线进攻。4000门大炮持续进行齐射轰击,数百台探照灯同时打开照向敌军阵地,使敌人目眩。

崔可夫指挥部队迅速渡过豪普特运河,并开始强攻塞洛高地。由于德军在此投入了重兵,苏军的进攻遇到顽强的抵抗。崔可夫根据情况迅速变更了兵力部署,集中了优势火力,于4月16日再一次发动强攻,就在这一天,崔可夫第二次荣膺苏联英雄称号。

17日,苏军终于占领了塞洛高地。接着,他们顶住了德军一次又一次的反扑,继续向前突进。

到4月20日,白俄罗斯第1方面军已连续突破敌人4道防线,德军已无力再发动反击,而只能收缩兵力防御柏林了。

4月21日,崔可夫指挥部队抵达柏林市郊。根据方面军的命令,部队向柏林东南郊和南郊移动,以便从南面对柏林进

【成长箴言】

生活可以是甜的,也可以是苦的,但不能是没味的。你可以胜利,也可以失败,但你不能屈服。向你的美好的希冀和追求撒开网吧,999次落空了,还有1000次呢。

行合围并实施总攻。

4月24日，近卫第8集团军的部队在强渡施普雷河和达米河后，与乌克兰第1方面军的部队在舍纳威德机场地域内会师。德军柏林集团被分割成柏林集团和法兰克福—古本集团两个部分。

4月25日，苏军与美军在易北河托尔高地域胜利会师。至此，整个柏林战役进入了最后决战阶段。

白俄罗斯第1方面军和乌克兰第1方面军光荣地承担起攻克柏林的任务。崔可夫率领的近卫第8集团军根据命令，将部队直向柏林，发起了对纳粹德国的最后一击。

4月25日，苏军对柏林发起强攻前，崔可夫特意来到炮兵发射阵地，他想看一看试射的情况，"并将我军对第三帝国实施最后一次突击的第一排齐射的情景留在自己的记忆里"。清晨，崔可夫登上设在一座5层楼上的观察所，目睹了苏军发起强攻时的壮观景象，万炮齐轰，大地抖动，整个柏林笼罩在战火硝烟中。

城市作战，特别是在柏林这样大的城市作战，要比在野外条件下作战复杂得多。崔可夫在指挥部队作战时，采取了灵活的作战战术。他把部队

全部改编为以排、连、营为单位的强击群的突击队,并配备各种口径的火炮、坦克,士兵采用跳跃式的进攻,进行巷战。

崔可夫还特别强调要充分相信各分队指挥员的才智,充分发挥每一个战士的主动战斗精神。而他率领的指挥部则主要担负了组织搜集情报、协调各突击队之间的战斗行动,监督弹药和给养的补充情况,以及确定昼夜间统一的信号标志等方面的工作。正是由于采用了正确的作战战术,所以,尽管苏军的进攻不断遇到德军的顽强抵抗,但还是很快深入到柏林市中心政府办公的各个街区。4月30日,两名苏军士兵将红旗插上了德国国会大厦屋顶。

4月30日晚,德军陆军参谋长克莱勃斯将军前往崔可夫的指挥部,商谈停火事宜。

崔可夫从他口中得知希特勒已于当日自杀的消息。他是盟国高级将领中最先获悉这一消息的人。此次谈判未能取得进展。

5月1日晨,崔可夫又根据德军无线电台提出的要求,不顾个人生命危险,来到处于德军射程范围的动物园东北角,准备与德军代表谈判德军投降问题。

在等候的时候,崔可夫遭到德军中死硬分子的枪击,大腿和膝关节被击中,他的传令兵拼死将他救了出来。他也许是对德作战中最后一位流血负伤的高级将领。

5月2日,德军完全停止了抵抗,柏林城防司令魏德林将军率残部投降。

5月8日,德军最高统帅部派出了以凯特尔元帅为首的代表,在柏林近郊卡尔斯霍斯特签署了无条件投降书,德军正式投降。

战争之后的"苏联英雄"

1952年,崔可夫上将在苏共十九大上当选为苏共中央候补委员。1953年3月,苏联领导人斯大林逝世,苏军高级将领开始进行任职的调整(布尔加宁元帅出任国防部长)。

5月底,苏联政府取消了德境管制委员会,崔可夫被调回国,担任基辅军区司令(由基辅军区司令格列奇科上将对应接任崔可夫的苏驻德占领军集群司令遗缺职务)。

1955年,时年55岁的崔可夫获晋元帅军阶。1960年4月,崔可夫调任国防部副部长兼陆军总司令;同年7月,兼任苏联民防司令。

在1961年的苏共二十二大上,崔可夫元帅当选为苏共中央委员,成为苏联武装力量的高层中坚人物。在赫鲁晓夫担任苏共中央总书记期间,崔可夫元帅受到了重用,成为其得力的军事助手。

崔可夫大力倡导质量建军,使苏联陆军装备大量先进的飞弹和核武器,并使苏联陆军完全实现了摩托化;他还使苏联的民防工程得到了很大发展。

在"古巴飞弹危机"发生后,赫鲁晓夫采取退却策略,引起苏联军方高层强硬派的不满;崔可夫积极协助赫鲁晓夫在苏军高层进行了有效的疏导工作。

1969年,中苏珍宝岛事件暴发,时任国防部长助理的崔可夫主张"一劳永逸的打击中国",甚至准备发射携带核弹头的远程导弹,对中国发动"外科手术式的核攻击",最终由于担心中国的大规模反击未实施。

1972年,72岁高龄的崔可夫元帅改任国防部总监小组组长,仍然着力研究军事理论问题,总结第二次世界大战的经验。

在自己的晚年中,崔可夫勤于笔耕,以自己丰富的人生经历和非凡的军事指

【元帅语录】

一个人努力的目标越高,他的才力就发展得越快,对于社会就更有效果。

挥生涯，撰写了《在战火中锤炼青春》和《在华使命》两部回忆录；出版了《集体英雄主义的集团军》《战火中的180天》《空前的功绩》《从斯大林格勒到柏林》《斯大林格勒近卫军西进》《在乌克兰的战斗》《本世纪之战》等8部很有分量的战史著作。

1982年3月18日，戎马一生的崔可夫元帅安详地闭上了自己的眼睛，享年82岁。与世纪同龄的崔可夫元帅是勇于创新的战术家和技艺高超的战役指挥官。他在自己漫长的军事生涯中，以其大胆的独创精神屡建战功，先后荣获了9枚列宁勋章、1枚十月革命勋章、4枚红旗勋章、3枚一级苏沃洛夫勋章、1枚红星勋章。崔可夫元帅光辉战斗的一生赢得了人们的普遍敬重。

获得荣誉

1982年3月18日，崔可夫去世，终年82岁。安葬于伏尔加格勒（斯大林格勒）马马耶夫岗下，与老战友舒米洛夫上将做伴。崔可夫一生共获获列

宁勋章9枚，十月革命勋章1枚，红旗勋章4枚，一级苏沃洛夫勋章3枚，红星勋章1枚，奖章及外国勋章、奖章多枚，荣誉武器1件。

在战后的和平时期，崔可夫把很大一部分精力投入到对苏联人民进行军事爱国主义教育的工作中去。他写了多部著作，回忆他所亲历的卫国战争。他写的著作有：《集体英雄主义的集团军》，莫斯科1958年版；《战火中的180天》，莫斯科1962年版；

《空前的功绩》，莫斯科1965年版；《初上征途》，伏尔加格勒1967年第3版；《在解放乌克兰的作战中》，基辅1972年版；《斯大林格勒近卫军西进》，莫斯科1972年版；《第三帝国的末日》，莫斯科1973年版；《本世纪之战》，莫斯科1975年版；《战火中锤炼青春》，莫斯科1978年第3版。

【元帅语录】

　　只会在水泥地上走路的人，永远不会留下深深的脚印。生命力的意义在于拼搏，因为世界本身就是一个竞技场。海浪的品格，就是无数次被礁石击碎又无数次地扑向礁石。

　　与世纪同龄的崔可夫元帅是勇于创新的战术家和技艺高超的战役指挥官。他在自己漫长的军事生涯中，以其大胆的独创精神屡建战功。

大学小百科

　　1931年，在战役学教研室基础上成立了战役学系，培训集团军级至方面军级的指挥、参谋干部。1931～1932学年度，学院不仅招收了诸兵种合成军队指挥员，而且接收了炮兵、坦克兵、航空兵等学员。二战前夕和战争初期，学员和教员人数增加了。当时十分重视研究西班牙战争、哈桑湖地域和哈拉欣河作战以及苏芬战争的经验，提高了野外作业的地位，学员参加实兵演习也更为经常。

第四章　军事领袖聚集地

　　学院为苏联武装力量培养了数以万计的高级军事指挥人才，在卫国战争爆发后的两年半时间内，从伏龙芝学院直接去前线的将军和其他军官就有 6000 名以上。从该学院毕业的高级将领有朱可夫、伊万·科涅夫、崔可夫、刘伯承、左权、刘亚楼等。

第一课 高级指挥员左权

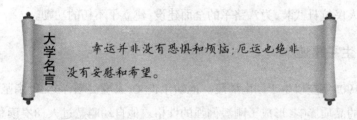

大学名言

幸运并非没有恐惧和烦恼；厄运也绝非没有安慰和希望。

人物介绍

左权，字叔仁，中国工农红军和八路军高级指挥员，著名军事家。湖南省醴陵市（县级市）人。他是八路军在抗日战场上牺牲的最高指挥员，周恩来称他"足以为党之模范"。

左权1924年入黄埔军校第1期学习。1925年2月加入中国共产党。同年12月赴苏联，先后在莫斯科中山大学、伏龙芝军事学院学习。1930年回国后到中央苏区工作，先后任中国工农红军学校第1分校教育长、新12军军长、第5军团第15军军长兼政治委员、中革军委第一局局长和红1军团总司令等职，参加了中央苏区历次反围剿作战和长征。1936年5月，任红1军团代理军团长。

全国抗战爆发后，左权担任八路军副参谋长、八路军前方总部参谋长，后兼八路军第2纵队司令员，协助朱德、叶剑英指挥八路军开赴华南抗

【元帅语录】

　　朋友需要你今天帮助,千万不要推到明天。

日前线,开展敌后游击战争,粉碎日军多次残酷扫荡,威震敌后。其高超的指挥艺术、严密细致的参谋业务、扎实的工作作风,深受朱、彭的赞扬。1940年秋,左权协助彭德怀指挥著名的百团大战。

　　1941年11月,左权指挥八路军总部特务团进行黄崖洞保卫战,经8昼夜激战,以较小的代价歼敌千余人,被中央军委称为"反扫荡的模范战斗"。他还是一个有理论修养同时有实践经验的军事家,从1939年至1941年,他撰写了《论坚持华北抗战》《埋伏战术》《袭击战术》《战术问题》《论军事思想的原理》等文章40余篇。左权为创建并巩固华北抗日根据地,发展壮大人民抗日武装,为八路军的全面建设,建立了不朽的功勋。

生平事迹

　　1905年左权生于湖南醴陵。他幼年丧父,家境贫寒,深受母亲坚强和勤劳的品质影响,形成了刚毅倔强的性格。他自幼聪慧过人,8岁读私塾,10岁便能写诗作对,14岁转入"北联高小"学习,成绩名列前茅。袁世凯签订丧权辱国的"二十一条"时,他身背"毋忘'五·七'国耻"标语,在村里谴责其卖国罪行。升入醴陵中学后,他在宋时轮介绍下参加了社会科学研究社,受到五四运动影响,决心外出追求进步。

1924年，左权考入广州陆军讲武学堂，同年参加平定广州商团叛乱的战斗。这是他第一次参加实际战斗。周恩来曾说："左权同志的革命信念，便由此起。"11月间，他所在的讲武学堂并入黄埔军校第一期。在陈赓的引见下，他结识了时任黄埔军校政治部主任的周恩来，并加入中国共产党。他参与组织和领导青年军人联合会，创办进步刊物，在广东革命政府东征的几次战役中有突出表现，被称为"黄埔新星"。

1925年夏他入莫斯科中山大学学习，1927年冬又进入莫斯科高级步兵学校。在那里，他与刘伯承相识并共同探讨革命问题和军事理论，结下了深厚的友谊。翌年秋，他们都转入伏龙芝军事学院深造。在留苏4年多期间，左权博闻强识，掌握了丰富的军事理论，成为一名训练有素的军事指挥员。

1930年6月回国后，左权先在上海与刘伯承一起翻译苏军条令，随后被派往闽西革命根据地担任红军学校第一分校教育长。此后，他担任过新12军军长和新15军军长，参加了历次反围剿斗争。他在莫斯科学习期间，因不满一些过"左"的主张，被有些人诬称有"托派"倾向，使他一度因所谓政治问题被调到瑞金红军学校当军事教官，但他仍兢兢业业为党工作。

1934年10月，左权作为红一军团参谋长参加长征，途中参与指挥了四渡赤水河和飞夺泸定桥等战斗。到达陕北后，他代理红一军团长，率领这支中央红军的主力，参加了直罗镇、东征、西征等战役。

1937年全面抗战爆发后，左权任八路军副总参谋

长,协助朱德、彭德怀指挥八路军挺进华北敌后。此后他长期战斗在太行山上,创建抗日根据地,参与指挥了粉碎日军对晋东南的九路围攻以及百团大战和黄崖洞保卫战等著名战役。1942年5月,日军向八路军总部所在地山西辽县(今左权县)麻田村进犯,左权在指挥部队掩护后方机关突围时,被日寇的炮弹击中而壮烈牺牲,年仅37岁。

左权是中国共产党在抗日战场上阵亡的最高将领(国民革命军少将军衔),周恩来称他是"有理论修养同时有实践经验的军事家";朱德赞誉他"是中国军事界不可多得的人才"。左权短暂而光荣的一生,为中华民族的解放,为人民军队的发展,为抗日战争的胜利,做出了巨大贡献。

轰轰烈烈的革命生涯

1924年3月,左权考入孙中山大元帅府军政部在广州主办的陆军讲武学堂(主要负责人有程潜、李明灏),同年11月转入黄埔陆军军官学校,编为第1期第6队。1925年1月,经陈赓介绍加入中国共产党,从

此,共产主义信仰"成为他以后近20年政治生活的准绳"。与蒋先云、周逸群、许继慎、李之龙、陈赓等人都是青年军人联合会的重要人物,同"孙文主义学会"的右派进行了坚决斗争。同年2月,左权开始步入军事生涯,在讨伐陈炯明的第一次东征中,作战英勇,曾任黄埔军校学生军(党军)教导团排、连长。6月回师广州后,左权又参加了平定滇、桂军阀杨希闵、刘震寰的战斗。7月,在程潜攻鄂军(后来改编成国民革命军第6军)卫队任连长,参加了彻底消灭陈

炯明的第二次东征。

　　1925年被党组织派往苏联留学，先入莫斯科中山大学学习。1927年9月入伏龙芝军事学院深造。左权学习刻苦，善于思索。"所以在军事、政治考试中，常能旁征博引，阐其旨趣。"

　　1930年6月，左权回到上海，9月经厦门、龙岩进入闽西苏区。初任红军军官学校第一分校教育长，11月，当选为闽西工农革命委员会常委，12月初为红新12军军长。1931年初任红一方面军总司令部作战参谋，6月升为参谋处长，开始显露出较强的组织才能。12月，受中央军委派遣前往宁都附近的固村圩，协同王稼祥、刘伯坚从事国民党第26路军起义的联络指挥工作。随后担任红军第5军团（由宁都起义部队改编）第15军政委，不久，任军长兼政委。1932年6月，受王明左倾路线的迫害，左权被撤销军长兼政委的职务，调至红军学校任教官。1933年12月，他任红1军团参谋长。这时，中央苏区的第五次反"围剿"战争已经开始，战斗频繁而且极为艰苦。即使几天几夜不睡觉，他也从来"没有表现过倦怠、疏忽、放任与暴躁"。

　　1934年10月中央红军主力开始长征，左权随先头部队指挥作战。在攻

打贵州施秉城时,他身先士卒,指挥果敢,行动迅猛,保证了大部队的顺利通过。5月,在强渡大渡河的作战中,左权率部先是在崎岖的小路中轻装疾行,出敌不意地直取小相岭隘口,攻下越西县城。之后一天急行140华里越过晒经关,他率军攻占了大树堡渡口,以佯渡之态势转移了敌军对安顺场方向的注意,成功地掩护了红1师从安顺场渡过大渡河。最终中央红军主力全部通过泸定桥,甩掉了尾追不舍的国民党中央军。

1936年10月红军三大主力胜利会师。11月中旬,在山城堡,左权、聂荣臻指挥红1军团与红15军团一部完成了对胡宗南78师的包围。21日发起总攻,经过一昼夜激战,歼敌两个团,胡部的另几个师也被红军兄弟部队击败,山城堡一仗共毙俘敌军1.5万余人,粉碎了国民党军对苏区的进犯,稳定了陕北的局面。刘伯承说:"左权同志部署作战是细致周密的,1936年双十二事变前夜的陕北山城堡战斗,就是一个范例。"

"七七事变"以后

"七七事变"后,红军改编为国民革命军第八路军,左权任副总参谋长;1938年12月,任八路军前方指挥部参谋长,国民革命军少将军衔。1938年2月,日军4万人分三路进攻临汾,与八路军总部遭遇。在左权指挥下,他们坚持战斗,一直到后续部队赶到,击退了日军多次冲锋,这就争取到了3昼夜的时间,使数十个村庄的群众安全转移,使国民党在临汾、洪洞的军政机关顺利撤退,并使八路军在临汾的军需物资大部分转运出去。

两个月后,日军3万余人对山西晋东南地区发动9路围攻。左权根据日军兵力分散的弱点,按照总部的部署,在内线,以游击战牵制、骚扰袭击敌军,将主力部队调到外线,寻找战机歼敌。4月15日终于光复了武乡县城,16日又在武乡县的长乐村布下口袋阵,全歼日伪军3000余人,此即"长乐战役"。随后,他率军在张店再歼敌1000余人,收复辽县、黎城等18座县城,解放人口百余万人,彻底粉碎了日军的9路围攻,奠定了晋冀鲁豫根据地的基础。

【成长箴言】

苦难成为通向幸福的桥梁。苦难磨炼一些人,也毁灭另一些人。烈火试真金,逆境试强者。

1939年年底到1940年年初，蒋介石发动了第一次反共高潮。国民党第97军军长朱怀冰与冀察战区鹿钟麟、石友三部纠集在一起，在日军的配合下，猛扑太行抗日根据地。3月上旬，身兼八路军第2纵队司令的左权，指挥部队在平汉路东西两侧发起自卫反击战，经四天四夜激战，击溃了石友三进犯军的进攻，全歼朱怀冰等部10个团，保住了太行抗日根据地。

1940年8月20日至12月5日，八路军发动了著名的百团大战。这次战役的总指挥所设在武乡县王家峪村。左权协助彭德怀全力投入作战指挥，将战役的整个部署安排得井井有条，真是运筹于帷幄之中，决胜于千里之外。连北平日军的报纸也说，"此次华军出动之情形，实有精密之组织"。左权不仅谋划整个战役的组织、参谋工作，而且还亲临第一线指挥作战。在百团大战的第三阶段，他协助彭德怀出色地指挥了关家垴战役。在最紧急关头，他命令说："指挥所的同志全部向前推进，犹豫等于死亡！"左权的魄力和勇气极大地鼓舞了指挥部的士气，结果日军第36师团冈崎大队500余人，除60余人外，其余均被歼。

左权有着严谨求实的工作作风，每在成就一件大事之前，都特别注重调查研究，掌握第一手材料。为兴建黄崖洞（在辽县、黎城交界处）兵工厂，他实地勘测地形，亲手规划工厂布局及保护工厂的军事设施的配置，经过一年的建设，一座年产足可装备16个团的兵工厂建立起来了。这在一定程度上改善了八路军装备匮乏的现状。刘伯承曾经说："左权同志曾艰苦经营太行山制造兵器的设施起了相当的作用。"黄崖洞兵工

厂的建立,很快就成了日军的重点进攻目标。

1941年11月,日军第36师团及独立混成旅团各一部7000余人向黄崖洞进攻,负责保卫黄崖洞的是八路军总部特务团,左权要求该团在保卫战中"一定要抓住一个'稳'字,坚持不骄不躁,不惶不恐,以守为攻,以静制动的原则"。他还就应当注意的战术原则和其他有关注意事宜做了具体的布置。11日凌晨战斗打响。日军来势极猛,并施放了毒气。守军按照左权副总参谋长的指示顽强坚守阵地,并利用机会组织反击,打退了日军的多次进攻。日军接连失手后改变了策略,企图利用赤峪山东侧的悬崖,居高临下侧击守军阵地。

左权及时指示特务团"待机行动,以变应变",重新配置了防御力量,继续给进攻的日军以重大杀伤,大量消耗了其有生力量,顿挫了敌军的锐气。19日,黄崖洞保卫战进入尾声。八路军在三十亩、曹庄一带设下伏兵,当退却的日军进入伏击圈后,立即被密集的弹雨打得阵脚大乱,伤亡惨重,向黎城方向溃逃。21日乘胜追击的八路军收复了黎城,胜利地结束了黄崖洞保卫战,此仗日伪军损失2000余人,敌我伤亡之比为6:1。中央军委

【成长箴言】

不应当急于求成,应当去熟悉自己的研究对象,锲而不舍,时间会成全一切。凡事开始最难,然而更难的是何以善终。

认为,这次保卫战是"最成功的一次,不仅我受到损失少,同时给了敌人数倍杀伤,应作为1941年以来反扫荡的模范战斗"。

左权多次指挥战斗取得胜利,体现了他高超的军事素养和军事理论功底,他素以学习刻苦、精于钻

研而博得人们对他的尊敬。他阅读了许多政治理论、军事理论的书籍,对八路军的军队建设、军事理论建设做出了突出的贡献。他与刘伯承合译的《苏联工农红军的步兵战斗条令》,于1942年被18集团军总司令部列为步兵战术教育的基本教材,并要求"今后本军关于现代步兵战术的研究,均应以此为蓝本"。左权对战术问题特别是游击战术的研究颇有创新,"为中国著名的游击战术创始人之一",其军事著述的突出特点是理论联系实际,结合中国国情的特殊性,阐述了以马克思主义理论为指导的具有中国革命战争特色的军事思想原理。

在八路军军队的建设中,他对司令部工作、后勤工作、部队训练、军队政治工作、军民关系等,都有独到的建树和巨大的成就。左权善于思考、勤于笔耕,撰写和翻译了诸多颇具影响的军事著作。仅在华北敌后5年间即译著共20余万字。周恩来说左权是"一个有理论修养,同时有实践经验的军事家"。

抗日时期

1942年5月,日军纠集3万兵力,再次对太行抗日根据地发动了空前残酷的大扫荡,形势空前严峻。20日午夜时分,左权在战前部署会议上分析了敌我态势,认为面对日军重兵的多路合击,我主力部队目前已转出外线,而中共中央北方局、八路军总司令部、野战政治部、供给部、卫生部、军械部、军工部以及新华日报社等尚处在敌军的合击圈内。眼下直冲我们的是由涉县、黎城、歧极关而来的一股日伪军,约3 000人。面对重兵压境的日伪军,合击圈内八路军能够应敌的兵力很少,只有为数不多的警卫部队,等待他们的将是极其残酷的战斗。不过,左权提醒大家:从局部看,我们处在敌军的包围之中;但从全局看,敌人是处在我们的军队和人民的包围之中。他对担负主要掩护任务的司令部警卫连连长唐万成说:"你们连百分之八十是共产党员,百分之九十以上都是老红军,相信你们一定能够完成这次任务。告诉同志们,太

【成长箴言】

如烟往事俱忘却,心底无私天地宽。

行山压顶也决不要动摇！"

　　鉴于眼下敌我兵力对比悬殊,彭德怀、左权等连日开会研究对策。左权提出:在敌军分路合击时,乘隙钻出合击圈,当日军扑空撤退时,伺机集中兵力歼其一路至几路。一切部署完毕,八路军总部各部门于5月23日奉命转移。次日凌晨,由掩护撤退的总部警卫连所扼守的虎头山、前阳坡、军寨等阵地都爆发了惨烈的战斗。在这次扫荡中,日军专门组建的"特别挺进杀人队"(其队员均着便装,先于日军扫荡部队潜入根据地)在麻田发现了八路军首脑机关,故多路日军均向麻田方向急进。警卫连仅仅200多人顽强地抵御着2000多日伪军的轮番进攻。敌军多次冲击失败后,便发射信号弹,召来了更多的援兵,射向守军阵地的火力更加致密。日军铺天盖地的炮火将虎头山一线轰得地动山摇,步兵随着遮天蔽日的烟尘直逼八路军阵地。为保证八路军总部的安全转移,左权不顾周围炮弹不断爆炸掀起的气浪,站在虎头山后面的山头上沉着地指挥战斗。他心里不仅想着总部各部门的安全,也惦记着群众的安危。当他看到附近山上还有群众没有脱离险境时,便命令警卫连长唐万成从已经十分吃紧的兵力中抽出一部分兵力吸引敌军,以便让群众转移。直到安排妥当,左权才不慌不忙地走下山去。

5月25日上午,突围队伍仍然未脱离险境,在南艾铺、高家坡一线的山沟里,集结着八路军总部、北方局、党校、新华社的几千人马,四周都是激烈的枪炮声,日伪军以"纵横合击"战术构成的包围圈在一步步地收紧。天空中,日军飞机也不时地投弹、扫射,受惊的骡子狂奔乱跳,将密集的突围队伍挤堵在狭窄的山沟中。眼看秩序大乱,左权不顾日军飞机的威胁,跳上一匹黑骡子,跑前跑后地把混乱的队伍重新集合起来,加快了行军速度。左权一边指挥突围,一边观察着战场情况的变化,他根据日军飞机反复投弹扫射,以及千米之外响起的密集枪弹声判断,兵力占极大优势的日伪军已经发现了合围目标,必须尽快采取果断措施,冲出包围圈。

左权率司令部和北方局机关人员为1纵队,沿清漳河以东由南向北突围;罗瑞卿率野战政治部直属队和党校、新华日报社为2纵队,由政卫连掩护向东面突围;后勤部门为第3纵队,由杨立三率领向东北角冲出重围。日伪军发觉了八路军分路突围的意图,迅速收缩合围圈,并将一发发炮弹砸向密集的人群,给突围的人们造成了极大的混乱和恐慌。面对这一极度危险处境,左权一边鼓舞士气,一边迅速督促彭德怀赶快转移。他说:"你的转移,事关重大,只要你安全突出重围,总部才能得救。"彭德怀关注着仍围在合围圈里的大批战友、同志,坐在高大的马背上就是不挪动。左权急了,以强硬的口气命令唐万成:"连人带马,给我推!"彭德怀被感动了,挥起马鞭,在警卫战士的掩护下,向西北方向疾驰而去。目送彭德怀离去后,左权又奔向司令部直属队,继续指挥着大队人马的突围行动,他的身体这时已虚弱得很厉害,但仍然尽全力招呼着每一个人。午后2时,在十字岭高家坡,利用短暂的休整,左权用嘶哑的声音激励着已极其疲劳的队伍:"同志们,尽管敌情严重,大家不要慌。我们要胜利,就得一齐冲。一齐冲就要听从指挥,只要冲过前面一道封锁线,我们就安全了。"尽管突围形势愈加严峻,左权仍然要求警卫战士"要警卫总部机密,要保护电

> **【成长箴言】**
>
> 生活真像这杯浓酒,不经三番五次的提炼呵,就不会这样可口。人生的价值,即以其人对于当代所做的工作为尺度。

台，保护机密材料，保护机要人员！"并立即采取措施，将身边的参谋人员、警卫战士分散到电台和机要人员中去。

当左权交待完上述任务后，突然觉得有人拉住了他的胳膊，他一看是唐万成，感到很惊奇，刚才不是安排这位警卫连长去保护彭总突围的吗？怎么小伙子又转回来了呢？当唐万成告诉他："彭总已冲过封锁线，现在你快跟我走吧！"左权拒绝了，坚决命令唐万成赶快去追上彭总。在他看来，彭总的安全远比自己的安全重要，这涉及到八路军的荣誉啊！现在自己的职责就是指挥突围。看着身为八路军副总参谋长的左权将军，拖着虚弱的身子像普通战士一样在炮火中奔跑，唐万成实在不忍心，他执拗地紧紧攥住首长的胳膊不放。左权气极了，拔出左轮手枪，喝令道："你要懂得，要是彭总有个三长两短，我要枪毙你！"唐万成只得松开手，掉转身朝彭总突围的方向赶去。太阳偏西了，日军的炮火依然很猛烈。左权从容地指挥队伍继续突围，他登上一块高地，尽管他声音更加嘶哑了，还是一遍又一遍地高喊道："不要隐蔽，冲出山口就是胜利，同志们快冲啊！"大家见副总参谋长就在身边指挥，情绪很快就稳定下来，突围的速度也就加快了。当队伍冲向敌军最后一道封锁线时，敌人火力更加凶猛。突然，一发炮弹落在左权身边，他不顾危险，高喊着让大家卧倒。接着第二发炮弹又接踵而至，左权的头部、胸部、腹部

【元帅语录】

富贵不淫贫贱乐，男儿到此是豪雄。

都中了弹片。就这样,一位才华横溢、智勇双全的八路军高级将领,为了拯救民族的危亡,过早地失去了年轻而宝贵的生命。

以身殉国,名传千古

左权将军牺牲后,八路军战士利用日军撤兵的间隙重返十字岭。将左权的遗体就地掩埋。没想的日军得到左权已死的消息后又杀了个回马枪,并在十字岭上到处挖掘,终于还是发现了将军的遗体。日军对左权将军的遗体照了相,并登报进行大肆渲染。

1942年5月25日,左权将军壮烈殉国。周恩来指出:"左权壮烈牺牲,对于抗战事业,真是一个无可补偿的损失。"朱德赋诗悼念:"名将以身殉国家,愿将热血卫吾华。太行浩气传千古,留得清漳吐血花。"为了纪念左权将军,根据太行人民的请求,经晋冀鲁豫边区政府批准,1942年9月18日,辽县党政军民等5000余人举行了辽县易名典礼,从此,辽县改名为左权县。

左权陵墓

1942年9月18日,晋冀鲁豫边区政府为纪念左权将军,将八路军总部驻地辽县改名为左权县。太行人民怀着十分敬重的心情,选址半年,在涉县石门村北精心修造了晋冀鲁豫抗战殉国烈士公墓,占地面积2万多平方米。在此葬有左权将军、冀南银行行长高捷成、《新华日报》社社长何云、北方局政权工作部

秘书张衡宇、冀南银行第二任行长赖勤及其夫人、朝鲜义勇军领导人陈光华和石鼎等8位烈士。左权将军墓现在处于晋冀鲁豫烈士陵园，位于邯郸市陵园路中段。

【元帅语录】

人在身处逆境时，适应环境的能力实在惊人。人可以忍受不幸，也可以战胜不幸，因为人有着惊人的潜力，只要立志发挥它，就一定能渡过难关。

左权将军陵墓北依太行，面临清漳，建在上下有台阶相连的3层台地的最上层。第一层台地的中间有一荷花池，第二层台地的中间建有左权将军纪念塔，左权墓在第三层。陵墓用青石筑成，呈长方形。墓碑上刻有"左权将军墓"5个大字。左权将军纪念塔的正面刻有朱德总司令的悼念左权将军的题词：名将以身殉国家，愿拼热血卫吾华。太行浩气传千古，留得清漳吐血花。彭德怀副总司令亲自撰写和手书的《左权同志碑志》，镌刻在左权将军纪念塔的左侧。解放后，在邯郸修建了国内规模较大的晋冀鲁豫烈士陵园，遂于1950年10月20日将左权将军等8位烈士的忠骨移灵此园。石门晋冀鲁豫抗战殉国烈士公墓旧址因其气势大、修建得好，至今仍存。

人物影响及评价

左权是党内难得的既有理论修养又有实践经验的军事家和优秀指挥员，虽然英年早逝，但仍留下了众多出色的军事论著。

左权是近代中国社会大变革时代成长起来的一代新人。他在五四运动的影响下由家乡到达广州，在那里选择了从军之路，并参加了共产党。尽管他在政治上经历过曲折坎坷，却如同他在自述中所写："近17年来，从未离开过党一步，也没有在任何情况下动摇过，也没有在艰难困苦面前低过头。"1931年及1933年，一些搞"左"的政策的领导人对他进行打击，左权被免职后仍坚信"真金不怕火炼"，努力工作，表现出了坚强的党性。

作为军队优秀的理论家，左权短暂的一生留下了丰厚的军事遗产。他著有《论坚持华北抗战》《埋伏战术》《袭击战术》《论军事思想的原理》等军事论文，并与刘伯承合译《苏联红军新的步兵战斗条令》，其中《论军事思想的原理》一文深刻阐述了党领导的人民军队的军事思想产生的条件、规律、现状及特点。他所阐述的军事思想，也构成了毛泽东军事思想的一个组成部分。1988年10月，中央军委正式确认他为军事家，收入《中国大百科全书》。

左权是党内难得的既有理论修养又有实践经验的军事家和优秀指挥员。他吸取国外的经验，结合中国抗日战争的特点，提出了治军、建军的许多建议，并总结出当时作战的八字方针——"秘密、迅速、干脆、坚决"。每一次战役或战斗结束，他都要写出书面总结报告。邓小平称他："善于从经验中抽取与总结出原则的理论，发现规律，来指导新实践。"他牺牲后，彭德怀在《左权同志碑志》中写道："壮志未成，遗恨太行。露冷风凄，恸失全民优秀之指挥。"

左权是中国共产党在抗日战场上阵亡的最高将领，周恩来称他是"有理论修养同时有实践经验的军事家"；朱德赞誉他"是中国军事界不可多得的人才"。左权短暂而光荣的一生，为中华民族的解放，为人民军队的发展，为抗日战争的胜利，做出了巨大贡献。

第二课　"智将"刘亚楼

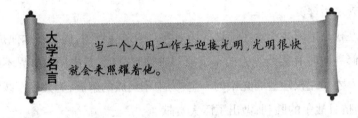

大学名言

当一个人用工作去迎接光明，光明很快就会来照耀着他。

人物简介

刘亚楼原名刘振东，1910年3月12日出生，福建省武平县人。1929年加入中国共产党，同年参加中国工农红军。土地革命战争时期，任闽西游击队排长，红四军随营学校学员班长，红十二军连长、营长兼营政治委员，红四军第三纵队八支队政治委员，第十二师三十五团政治委员，第十一师政治委员，红一军团第二师政治委员，第一师师长，陕甘支队第二纵队副司令员，红一军团第二师师长。参加了长征。抗日战争时期，任中国人民抗日军政大学训练部部长、教育长。1939年赴苏联入伏龙芝军事学院学习，1945年回国。解放战争时期，任东北民主联军、东北野战军、东北军区参谋长，第四野战军14兵团司令员，中国人民解放军空军司令员。中华人民共和国成立后，任中国人民解放军空军司令员，国防部副部长兼国防部第五研究院院长、国防科委副主任。1955年被授予上将军衔。是第一、二、三届国防委员会委员,第一届全国人民代表大会代表,中国共产党第八届中央委员。1965年5月7日,刘亚楼上将在上海病逝,年仅55岁。

【成长箴言】

当一个人用工作去迎接光明,光明很快就会来照耀着他。

刘亚楼是中国人民解放军第一任空军司令员。抗战时期与解放战争时期屡立奇功,有"智将"的美誉。他多才多艺,会拉二胡、弹吉他、吹口琴,尤其擅长以弹壳吹奏各种歌曲,如《我是一个兵》《莫斯科郊外的晚上》等。刘亚楼将军勤学习、爱思考、善分析、长归纳,军事干部有政治家头脑,曾获一级八一勋章、一级独立自由勋章、一级解放勋章。

他对人严,对己严,说干就干,干就得干出个样儿。布置任务,一条一条,精细严谨,明明白白。讲完了,问你有什么困难和要求。合理的、能够解决的,要人给人,要物给物,而且是马上就给,从不"研究研究"。点子又多,主意又快,放手让你去干。干得好,大会表扬,小会表扬,功劳全是你的。干砸了,大会批评,小会批评。他通晓俄文,是解放军少数接受正规军事理论教育的高级将领,写有《战乌江》《学习毛主席军事思想》《红军野战参谋业务条令》《论克劳塞维茨》等。

生平概述

1910年3月12日出生于福建省武平县湘店乡大洋泉村一农民家庭。小学毕业后考进长汀七中,因家庭困难,不久便辍学回乡,被母校崇德小学聘为教师。在该校校长、共产党员刘克模的启发下,阅读了《新青年》《向导》等革命书刊,开始走上了革命的道路。

1929年春加入中国共产党,并改名为刘亚楼,积极参加了当地农民赤卫队和乡区苏维埃政府的组建工作。

1929年5月底,为迎接红四军二次入闽,刘亚楼参加了武平农民武装暴动。暴动队伍后被编入红四

【成长箴言】

那些最能干的人，往往是那些即使在最绝望的环境里，仍不断传送成功意念的人。他们不但鼓舞自己，也振奋他人，不达成功，誓不休止。

军第四纵队第八支队，刘亚楼任班长、排长。12月，被选送到红四军随营学校学习，毕业后回原部队担任连长。

1930年4月，刘亚楼任红十二军第五团第一营营长兼政治委员。1930年6月，任红一军团第四军第三纵队八支队政治委员。9月，红一军团纵队改编为师，支队改编为团，任红十二师第三十五团政治委员。1930年12月，率该团参加了中央根据地第一次反围剿作战中的龙冈围歼战，全歼国民党军第十八师9 000余人，该团作战英勇并活捉了国民党军师长张辉瓒。后又率部参加了第二、第三次反围剿作战，并为作战胜利做出了贡献。

1932年3月，刘亚楼调任红十一师政治委员，积极开展部队政治思想工作和宣传群众的工作，努力扩大红军的政治影响。1933年6月，红一方面军撤销军级建制，方面军直辖第一、第二、第三师，刘亚楼任第二师政治委员。参加了第四、第五次反围剿作战和长征。

在长征途中，刘亚楼率领部队担任红一军团的前锋，取得了强渡乌江、智取遵义、勇夺娄山关和四渡赤水河等一系列重要胜利，为中央红军跳出强敌的包围、胜利北上创造了条件。红一、四方面军胜利会师后，刘亚楼先后任红一军(原红一方面军)第一师师长、陕甘支队第二纵队副司令员。1936年6月，作为中国抗日红军大学第一批学员入校学习。12月毕业后，留校任红大训练部部长。

1938年1月，刘亚楼任抗日军政大学(红军大学改称)教育长。1939年初赴苏联入伏龙芝军事学院学习。苏德战争爆发后，加入苏军参加了苏联卫国战争。1945年8月，随出兵中国东北的苏联红军回国。1946年年初任东北民主联军参谋长，为组建适应战争需要的高效率的司令部做出了重要贡献。8月，兼任东北航空学校校长，为后来的人民空军培养了第一批骨干。

东北内战爆发后，刘亚楼先后协助总部首长部署和指挥了三下江南、四保临江，1947年的夏季攻势、秋季攻势、冬季攻势作战，歼国民党军22万余人,迫使东北国民党军龟缩于长春、沈阳、锦州等几座孤城之中。1948年1月,刘亚楼任东北野战军和东北军区第一参谋长,为使司令部工作适应向"大兵团、正规化、攻坚战"转变的需要,对从思想、组织、作风多方面加强司令部机关建设,付出了大量心血并做出了贡献。6月,经中共中央批准,任中共中央东北局委员,同时被委任为军委会东北分会委员。

1948年9月,毛泽东发出了《关于辽沈战役的作战方针》,10月初,当林彪私自以林、罗、刘名义向中央军委发出加急电报,提出放弃攻打锦州而北返打长春时,刘亚楼与政治委员罗荣桓一同进行了耐心的劝说,并发了一封重申攻打锦州的电报,保证了锦州战役及整个辽沈战役的顺利进行。辽沈战役期间,他积极协助总部首长,指挥部队连续作战52天,全歼东北国民党军47万余人,解放了东北全境。辽沈战役后,刘亚楼遵照中央军委关于"东野尽速入关,突然包围津、唐、塘等处之敌"的命令,立即筹划东北野战军分路迅速入关的各项工作,为保证北平和平解放做出了贡献。

1949年1月,刘亚楼任平津前线司令部参谋长兼天津前线总指挥,指挥了天津攻坚战役,创造了全歼守军13万、29小时结束战斗的攻坚战奇迹;3月,出任中国人民解放军第四野战军第十四兵团司令员。1949年7月,刘亚楼奉中共中央和中央军委之命,负责着手筹建人民空军;8月,赴苏进行购买飞机、派遣专家及援建航校的谈判;10月25日,被中央军委正式任命为空军司令员;11月15日,向中央军委和毛主席做出了关于空军领导机关组建原则的报告,提出了在目前没有空军部队的情况下,应集中主要力量把航校

办好的意见,得到了毛泽东的肯定和批准。为筹办好第一批航校,刘亚楼精心规划,具体指导,事必躬亲,一丝不苟,终使6所航校于1949年12月1日如期开学。

1950年4月1日,筹建空军战斗部队的条件已经成熟,刘亚楼向中央军委提出从陆军各野战军选调建制师、团领导机构组成空军部队领导机构的建议,并得到批准。6月,第一支人民空军部队空军第四混成旅在南京正式成立。随后,坚决贯彻中共中央规定的"边打边建"的方针,派新中国空军投入了抗美援朝作战。在对志愿军空军进行空战指导时,根据毛泽东一贯主张的"集中兵力"的思想,结合空战实际,提出了"一域多层四四制"的战术原则,使年轻的志愿军空军在开战之初就取得了一连串的优异战果,同时也为人民空军的空战战术奠定了基础。

1954年,刘亚楼被选为全国人民代表大会代表,并被任命为国防委员会委员。1955年被授予上将军衔,荣获一级八一勋章、一级独立自由勋章、一级解放勋章。1956年参加中国共产党第八次全国代表大会,并被选为中央委员。1959年被选为中华人民共和国国防部副部长。1964年被选为中国人民航空协会名誉主席。刘亚楼于1965年5月7日因病在上海逝世,终年55岁。

"贻误军令"险被杀

1945年8月9日零时,苏联红军以迅雷不及掩耳之势,从东、西、北三个方向呈扇形同时进入中国东北,对日本驻中国东北关东军发起攻击。刘亚楼随苏军行动。却有一支小插曲,险些令他身首异处,死于不白之冤。

事情是这样的:苏联红军进攻,其中一路经虎林—佳木斯向哈尔滨、长春。苏军指挥所里,身着苏军制服、佩戴少校军衔的刘亚楼,正紧张有序地工作着。一阵电话铃声。电话听筒里传来司令部参谋长维曼诺夫少将清晰的声音:我空军部队轰炸佳木斯外围日军控制的"407高地"的时间定为6时50分,地面部队据此进入,正式命令随即送到地面值班室,依命令通知各有关部队。放下电话没多久,作战命令正式送到了。刘亚楼看看手表,时针指向两点。他拿起电话,要通了空军及地面有关部队司令部,传达了维曼诺夫少将命令的内容并记下了对方接听电话的值班参谋姓名。

7点钟,刘亚楼下岗,回住处不一会儿,几名苏军士兵突然闯将进来,强行将他扭送到禁闭室关押。刘亚楼急问为什么,军务参谋马卡维奇上尉恼火地说:"王松(刘亚楼在苏军的化名),你贻误军令,造成我军重大损失!"刘亚楼对此指责十分诧异。原来,进攻佳木斯外围据点的苏军地面部队进展顺利,先头分队于6时40分便占领了"407"高地。空军轰炸机6时50分准时将一颗颗炮弹倾泻在高地上。前线指挥员目睹了部队在自己飞机轰炸下血肉横飞的惨剧,恼怒万分,向上级指挥官告了状。上峰严令追查这起严重的失职事

故。一查,当天值
班参谋正好是王
松。得知事因,刘
亚楼连声说:"怎么
会有这等差错? 怎
么会呢?"

"情况属实,上
级已令将你就地枪
决!"听完这话,刘
亚楼一屁股跌坐在
地上。在苏军生活

元帅在这里起航

【成长箴言】

　　不因幸运而固步自封，不因厄运而一蹶不振。真正的强者，善于从顺境中找到阴影，从逆境中找到光亮，时时校准自己前进的目标。

了这么多年，他深知下级对上级只能服从，这是命令。他心中异常难过，不是吗，在苏联好不容易熬过了前后8个年头，如今已踏上祖国大地，正思为国效力，却要死于不白之冤。他思前想后，横下一条心，对马卡维奇说："我是中共中央派赴贵国的，请转告上级，容我在死前给家里写一封信，说一说我这些年在贵国的体会、见闻和经验，这样也对党组织有个交代。"苏军同意了刘亚楼的请求，死刑得以延期一天。刘亚楼花了足足一天时间，写完这封给中共中央的长信，末尾，工工整整地写上：忠于党的刘亚楼。他请马卡维奇在自己死后代为上呈转交给中共党组织。上断头台的时间眼看就要到了，就在这时，一道"刀下留人"的金牌从天而降：王松少校无罪释放，恢复原职。原来，一位对王松少校颇为欣赏的苏军军官经过核实，在报务员记录上找到了王松少校传达口令的内容和时间，白纸黑字，并无差错，王松少校对这场"失误"可以不负责任。这位苏军军官将实情向上禀报后，上峰同意不加罪于王松少校，而将对方那位接听电话的值班参谋执行枪毙。

"雷公"刘亚楼

　　刘亚楼将军潇洒英俊，却性烈如火，人称"雷公爷"。空军中曾经流行一个口头禅："苦不怕，死不怕，就怕刘司令来训话。"

　　1948年9月25日，解放军攻打锦州前夕。时任东北野战军参谋

148

长的刘亚楼将军忽然接报,国民党将由沈阳空运49军增援锦州。将军急令东北野战军八纵炮火封锁锦州机场,以阻其进。次日,八纵司令、政委回电请示:"锦州有两个飞机场,东郊机场已几年无用,西郊机场正在使用,请示应该封锁哪个机场?"刘亚楼将军阅报大怒,打电话斥之曰:"两个机场,一个能用,一个不能用,封锁哪个,还用请示吗?"

又一日,八纵丢失小紫荆山阵地,未报告。刘亚楼将军即挂电话给前线指挥所,得知情况属实后,怒而瞪目挥拳,传令:"不管是'两条腿',还是'四条腿'(骑马的),严惩不贷。司令员也跑不了。"据刘亚楼将军令,丢失阵地所在部队的团长、副团长被撤职,师长、司令员受处分。命令下达后,该部队官兵知耻而后勇,不久便夺回小紫荆山。

刘亚楼将军任东北野战军参谋长期间,某战斗发起前,将军与参谋对表,某参谋说:"首长的表慢了。"将军不信:"我这是苏联明斯克名表,怎会慢?"又问另一参谋,答亦然。将军大怒,脱表砸于地。一参谋急检视之,表面四分五裂,时针、分针、秒针"嗒嗒"依然。将军转怒为喜,说道:"你们的表都快了,以我的表为准,发起进攻!"众参谋无一人敢言。

1964年7月7日,解放军空军击落国民党U—2型飞机后,刘亚楼代表中央军委、国防部和空军首脑机关专程从北京赴漳州参加祝捷大会。主持会议的一位地方领导,讲话含糊不清,东拉西扯,刘亚楼当众夺话筒,怒道:"你不懂,就不要乱弹琴!"

心系空军文艺事业

刘亚楼将军能歌善舞,会拉二胡、弹吉他、吹口琴,尤其擅长以弹壳吹奏各种歌曲,如《我是一个兵》《莫斯科郊外的晚上》等。

有一天,刘亚楼将军率代表团由莫斯科回国经新疆,当地党政军举行联欢晚会欢迎。一维吾尔族少女表演马祖卡舞。少女舞姿轻盈,旋转如飞,跳至代表团成员前,诚请共舞。旋转一圈,无一人应答。末了,少女跳至刘亚楼将军前。将军落落大方而起,鞠躬,伸臂抚胸作恭谦状;少女鞠躬,伸臂做邀请状。将军又鞠躬,继作恭谦状;少女又鞠躬,再作邀请状。如此再三,将军随音乐节拍缓步起舞。此时掌声骤起。将军掏出一块手帕,举过头顶,时而翘起脚尖,作燕子翻飞状;时而高高昂头,作鹰击长空状,时而单腿跪少女裙前,手掌击地"啪啪"响;时而蹲地围少女旋转,两腿交叉踢出,口吹哨音"嘘嘘"响。舞毕,掌声经久不息。

刘亚楼在当空军司令员后,对部队文艺工作非常重视。刘亚楼说:"空军除了有一支几十万人的作战部队外,还应建立一支有几百人的文艺队伍。"在刘亚楼的直接关怀下,1950年3月25日,在长春成立了空政文工团。1958年8月,各军区空军文工团撤销,空军党委将全空军文工团的主力集中到空军,组建空军文工总团,下设歌剧团、歌舞团、话剧团和军乐队,队伍达500多人。

1960年冬,刘亚楼随中国军事友好代表团在访问朝鲜期间,看到朝鲜方

面由3000多人演出的大型歌舞剧《三千里江山》，很受震动。回国经沈阳途中，沈阳军区文工团在晚会上演出了4首革命歌曲。回国后，刘亚楼把空政文工总团的领导找来，提出要以革命歌曲对部队进行传统教育。总团党委为落实刘亚楼的指示，经研究决

【成长箴言】

我们关心的，不是你是否失败了，而是你对失败能否无怨。什么叫做失败？失败是到达较佳境地的第一步。失败是坚忍的最后考验。

定搞一台大型歌舞剧，把中国长期革命斗争中广为传唱的历史歌曲按时间顺序配以舞蹈。在他们排练过程中，刘亚楼经常到现场指导。刘亚楼还请了一些老同志来指导排练。总政主任谭政大将的夫人王常德，老红军、杨尚昆的夫人李伯钊，总政副主任肖华和夫人王新兰都来现场指导、提意见。

1961年八一建军节时，《革命历史歌曲表演唱》在北京中山公园音乐堂首次公演，引起了强烈反响。其中《十送红军》很快在全国广为传唱。

刘亚楼对于空军第一代女飞行员非常重视，指示空政话剧团要拍一部反映女飞行员的话剧。刘亚楼把空政几位创作员叫到空军党委常委会议室，问他们："这是个碉堡，你们敢不敢攻？"他们回答："敢攻！"刘亚楼说："好，大力支持，有求必应！"刘亚楼亲自修改他们的提纲。排演后，刘亚楼每天都要了解他们的排演情况。

1965年2月27日，话剧《女飞行员》在首都公演，深受欢迎。对于歌剧《江姐》，刘亚楼倾注了更大的心血。刘亚楼亲自抓主题曲《红梅赞》的创作和修改，经20多次才定稿。对于《江姐》，刘亚楼提出了52次修改意见。1964年9月起，空政的大型歌剧《江姐》在首都公演，一连演了20多场，场场爆满。1964年10月13日，毛泽东和周恩来、朱德等党和国家领导人在人民大会堂观看了《江姐》。这是毛泽东在建国以后观看过的唯一一部歌剧。毛泽东对于《江姐》

给予很高的评价，在第二天接见空政文工总团的同志时说："看了你们的歌剧，剧本改编得不错嘛！是否可以不要江姐死！我看你们的歌剧打响了，你们可以走遍全国，到处演出了。"此后《江姐》在南京、上海、广州、武汉等地公演，引起了很大的轰动。毛泽东观看《江姐》的第二天，正在南京主持一个会议的刘亚楼派专机将《江姐》剧组的编创人员和主要演员接到南京，表示祝贺。

淡泊名利

大连是工业城市，日军侵占后，苦心"经营"，把这里当作侵略中国的桥头堡之一。到1945年8月15日无条件投降时，日军已在大连蓄积了大量军需战略物资。1945年冬至1946年间，东北、华北、华东各解放区后勤部门，纷纷派员来大连筹集军需物资。苏军当局为此几次向大连市委提出：不要把物资都拿去了，以免影响本地恢复生产。

在这个问题上，大连市委也请刘亚楼出面帮助疏通。刘亚楼找到苏方领导申述：中国共产党是坚决执行恢复生产的经济政策的，各解放区来采办物资，虽拿走了一些东西，但同时也带来了大量资金，不会把大连拿垮。何况，中国同志只是把这里作为后方基地来支援前线，没有要把东西都拿走的意图。刘亚楼还进一步解释说，中国同志对苏联是友好的，完全可以信赖。我们中国有句古话，"跑了和尚跑不了庙"，东西拿走了，人不是还在这里？苏方领导一时语塞，只好笑了笑。大连市委根据刘亚楼的"摸底"，认清了政治形势，清除了疑虑，更好地发挥旅大这一后方基地的作用，有力地支援了华东、华北、东北等解放战场。在复杂的形势下，刘亚楼巧妙地利用自己的特殊身份，一次又一次地帮助大连市委解决了困难。大连微妙的一台戏，直叫刘亚楼和韩光他们唱得有声有色。

1946年五六月间，中苏双方的联络官王松少校被中国共产党任命为东北的统一武装——东北民主联军的参谋长，要打铺

【元帅语录】

把活着的每一天看作生命的最后一天。时间是一位可爱的恋人，对你是多么的爱慕倾心，每分每秒都在叮嘱；劳动，创造，别虚度了一生。

盖卷儿走人了。王松少校"提拔"之快,直让苏军同行瞠目结舌:"王少校怎么一下就蹦到这么高的位置,当了将军?"至此,刘亚楼不得不把自己的经历简要地告诉苏联伙伴们。于是,马上招来一通埋怨:原来萨莎(刘亚楼的苏联名字)10多年前就担任过中国红军的主力师长、政委,率部立下过很多战功,怎么不早点告诉我们呢?刘亚楼笑道:"过去的已成为历史,不值得津津乐道,重要的是明天!"

"横空出世"的参谋长

1946年2月,东北局副书记、东北民主联军副政委罗荣桓因肾病发作,转到大连休养时,接见了还在苏军工作的刘亚楼。他对这位老部下的军事才能是相当了解的,认为现在开辟东北需要能人,刘亚楼有国内革命战争的经验,又喝过"洋墨水",是个难得的将才,应回到我军工作。

当时,韩光等旅大地委领导还不愿意刘亚楼离开呢!因为,旅大的战略地位重要,旅顺是军港,大连是很好的商港,中国共产党管理这样的城市还是大姑娘上花轿——头一回。有刘亚楼这种具有双重身份的能人相助,自是可以左右逢源、如虎添翼。经东北局与远东苏军当局交涉,苏方同

意放回刘亚楼。1946年五六月间，中央军委任命刘亚楼为东北民主联军参谋长。

刘亚楼赶赴哈尔滨上任，林彪打破不出门迎人的常规，亲自屈驾相迎，握着刘亚楼的手，那平时难得一笑的脸上竟漾起了笑意。

刘亚楼就任东总参谋长一职，当年的东总老人说起这事，都喜欢用"横空出世"这字眼儿。这4个字颇有意趣，至少能说明两点：一是刘亚楼在国内战场消失了8年之久；二是一回来就跻身于东北民主联军的最高层。这4个字当然包含了拥护、赞赏之意。刘亚楼就任东总参谋长是罗荣桓推荐、林彪首肯、中共中央和毛泽东批准的。

在刘亚楼受命时，国共两党闯关东后的第一次大会战——四平战役已经结束。四平血战，从1946年4月中旬开始，历时一个月，所谓"杀敌一万，自损八千"，在给国民党军重大打击时，东北民主联军也伤亡不小，其中大部分是抗战幸存的老骨干。

联军主动撤出四平后，又遭敌机械化部队追击，沿途不断有逃亡、叛变现象，部队大量减员，根据地仅剩北满和南满临江等少数几个地区。战后，林彪病了，"空前绝后"地拿部下出气——在舒兰掀了参谋处处长李作鹏的酒席，还随手抓过炕上的东西砸向李作鹏等人。

四平战役未打响前，东北局将之定格为"决定我党在东北地位最后一战"，因此，四平的失守，在联军中引起的震动是空前、巨大的，不少人因此动摇了意志。鉴于东北形势严峻，6月16日，中共中央决定林彪任东北局书记、东北民主联军总司令兼政治委员，在东北实行党政军一元化领导。此时，林彪只是中央委员，而彭真、高岗、陈云三人都是中央政治局委员，林彪党政军一肩挑，对强调"党指挥枪"原则的中国共产党来说，实在是个不同寻常的重大组织措施。从某种意义

上说，毛泽东将共产党在东北的前途和命运托付给了林彪。

【元帅语录】

阿谀这东西，虽然没有牙齿，可是骨头也会给它啃掉。爱好学习的是聪明人，喜欢指点的是蠢家伙。

带着疲惫之师一路退却在哈尔滨安营扎寨的林彪，此时非常需要有一个得力的、能跟他很好共事的参谋长。从运动战转向阵地战、大兵团作战后的东北战场，也需要一位绝对内行的参谋长。自中央苏区共事以来，刘亚楼一直是林彪欣赏、信赖、满意的一员战将。苏联治病期间共同探讨苏德战争问题，更使他认定刘亚楼既可当军政主官，也可当参谋长。

在罗荣桓远赴苏联治病的情况下，刘亚楼的到任，可谓"受命于危难之际"。此时的东北，共产党精英云集，政治局委员、中央委员、候补委员有20来位，民主联军阵营战将林立，除司令、政委外，光副司令员、副政委就有五六位之多。但军事上，连中央候补委员都不是的刘亚楼，很快就力压群雄，成为响当当的第三号核心人物，和林彪、罗荣桓并称"林罗刘"。1946年5月下旬后的东北，暂时的风平浪静中酝酿着惊涛骇浪的凶险。国共两党在经历为期一个月、死伤沉重的四平大血战后，都在喘息、休整，以图再战，一决雌雄，争夺天下。刘亚楼知道形势的严峻，工作上只争朝夕，协助林彪利用这段宝贵的停战时间养精蓄锐，扩军备战，以期早见成效。

作为统帅战局的军事机构，当时司令部缺乏基本建设，参谋人员不仅奇缺，而且在职者大多缺乏参谋业务的基本常识，部队就连一张完整的作战地图也找不到，因而没能发挥司令部机关应有的效能。调往东北战区的八路军、新四军各部队，不熟悉东北的道路地形，前方司令部和后方司令部都苦于要不到五万分之一和十万分之一的军用作战地图，贻误战机的事件时有发生。因为没有地图，曾发生过两个纵队同走一条路、两个师同宿一个村，以及行军作战中兵找不到官、官找不到兵等现象。1945年年底，林彪给中央的电报就这般诉苦："……自总部起各级缺乏地图，对地理形势常不了解；通讯联络至今混乱，未能畅通……"林彪发急后，司令部好不容易招来几名初中生，刻蜡版印制道路村庄图救急。

司令部的各项建设跟不上,仗自然难打,接连的失利让林彪心情无比郁闷。刘亚楼走马上任后,抓紧熟悉情况,由近及远,把日本投降、八路军进入东北、四平会战以前的中央及东总的电报全都看了个遍,基本摸清了东北战局的变化和现状。他决心从整顿司令部入手,把司令部建设成高效率的领导机关和首长的得力助手。刘亚楼召来东总参谋处地图科长蒲锡文,严肃指出:军用地图是十万火急的事,一天也不能耽误,一定要千方百计,想尽办法解决,以供行军作战之急需。蒲锡文汇报了印图迫切需要解决的几个困难:第一,需要三五百名初中以上文化程度的人学习绘图;第二,需要大量印图用纸、制版的化学药品,但就连制版用的玻璃也无处可买,印图器材有钱无市;第三,难以找到懂测绘的干部。刘亚楼掌握情况后,立即着手成立一所测绘学校,训练绘制军用地图的专门人才,并起草电报,从军政大学、部队和地方选调300多名有初中以上文化程度的指战员和地方初高中学生来测绘学校培训。测绘学校开学时,他亲临讲话,指出军用地图的重要性,不懂测绘工作,就要在干中学、学中干,发扬红军优良传统,一定会学有所成,彻底解决军用地图之需。

没有原版军用地图,刘亚楼采取多种办法,一面令部队各处寻找,一面委托地方大力帮助。为解决器材困难,他指示由后勤部拨300两黄金,派

蒲锡文带人去大连采购。遵照刘亚楼要求，测绘学校学员24小时轮班，开足马力绘制地图。刘亚楼每月都要听取地图出版的进展情况汇报，并做出重要指示，特别要求地图科在1948年前必须绘制出全部东北地区军用地图。

刘亚楼到职仅三四个月，东总及下属各级司令部就从他那雷厉风行且卓有成效的作风中得到了实惠：由于加强了地图科，办起了印刷厂，印出了第一批军用地图，解决了他们的燃眉之急，逐渐满足了部队的急需。为了加强参谋队伍的组织建设，提高参谋人员的业务修养，刘亚楼从各部队抽调数百名文化程度较高的干部，开办参谋训练队，主要课程，如"参谋业务"、"战役战术"等，他亲自授课，并翻译出版《苏军司令部工作条例》《红军参谋业务条令》，结合部队实际亲自讲解。在讲授"参谋道德"时，刘亚楼说："当一个好参谋，不仅要有熟练的业务，还要有高尚的道德。要做到功不自居，过不推诿，鞠躬尽瘁，死而后已；要和首长心心相印，想到一起，不能搞'两张皮'。"参谋训练队既学军事又学政治，学期6个月，考试合格后，充实到各级司令部机关。实践证明，经过培训的参谋人员在机关建设中发挥了较好的作用。第一期结业后，又连续办了两期，3个月一期，共培训学员300多人，为东北民主联军各级司令部机关参谋队伍的建设，打下了厚实的基础。

在东北，刘亚楼先后两次主持召开参谋工作会议，不仅解决了过去司令部参谋工作中的问题，而且根据形势发展，大胆提出司令部工作的建设方向，并从政治上、组织上、制度上解决了存在的诸多重大问题。他还主张师以上指挥部建立直属政治机关（目前仍为我军沿用），以加强对参谋人员的思想领导。经刘亚楼雷厉风行的整顿，参谋人员很快做了调整、充实，各种制度也很快建立健全起来，参谋队伍稳定了，积极性空前提高，司令部工作呈现一派新气象。林彪对此颇为满意，称：我们有了一个得力的司令部。

【成长箴言】

勤勉的人，每周7个全天；懒惰的人，每周7个早晨。人的一生，是很短的，短暂的岁月要求我好好领会生活的进程……

林彪还说,司令部工作很重要,苏联卫国战争时期,斯大林就是靠了朱可夫、安东诺夫等一批参谋集团,没有这样一个得力的、高效率的参谋集团,难以取得战争的胜利。司令部工作的整顿,为刘亚楼的亮相登场加了分。根据地建设以及后方整顿,也很快彰显了刘亚楼的过人胆略和与众不同的性格特征。

四平失利后,东北局势急剧恶化,中共中央根据东北敌我现状的变化,敏锐提出"让开大路,占领两厢"的方针。东北局撤往哈尔滨后,于7月上旬召开扩大会议,总结10个月来对敌斗争的经验教训,确定今后的工作方针,以统一东北全党全军的思想。刘亚楼参加了这个具有历史意义的扩大会议。7月7日,会议正式通过了政治局委员、东北局副书记陈云起草的《东北的形势与任务》,即著名的《七七决议》。《七七决议》公布后,刘亚楼协助林彪,利用停战之机,组织主力部队实行剿匪,以图建立和巩固松花江以北的后方根据地。同时组织大批干部,深入农村,发动群众进行土地改革。

入朝参战

空军入朝参战之前,刘亚楼曾希望"不鸣则已,一鸣惊人",毛泽东则说"一鸣则已,不必惊人"。1950年10月19日中国人民志愿军入朝作战后,美国空军对志愿军地面部队和运输补给线进行了狂轰滥炸。党中央和中央军委决定组织志愿军空军参战。

当时,美国空军不仅飞机数量多、质量好,而且许多飞行员参加过第二次世界大战,飞行时间多在1000小时以上。而我们呢,仅有米格15飞机54架,飞行员58名,只飞行了22个小时,没有任何作战经验啊!

刘亚楼认为,如果将这样弱小的空军部队贸然投入战斗,同强大的美国空军交手,后果难以预料。刘亚楼强调:"我们的指导思想是'从空战中锻炼,在战斗中成长'。

【成长箴言】

你热爱生命吗?那就别浪费时间,因为时间是组成生命的材料。逆水行舟用力撑,一篙松劲退千寻;古云"此日足可惜",吾辈更应惜秒阴。

在正式参战前,先以小部队在苏联友军的带领和掩护下,轮流进行空战演习,从小仗打起,然后再逐渐扩大规模。"刘亚楼的这一设想,经进一步系统化,归纳为"积蓄力量,选择时机,集中使用"十二字的方针。12月3日,以空军党委的名义正式提出来,并以书面形式上报毛泽东。毛泽东于12月4日看到报告后,非常赞同,当即批示:"刘亚楼同志,同意你的意见,采取稳当的办法为好。"

此时,中央和毛泽东对使用空军还是抱着谨慎的态度。在空军如何使用的问题上,中国与苏联也有分歧,苏方对我们的方针不理解。当时斯大林的代表扎哈罗夫大将与主持中央军委工作的周恩来发生争执。一次是在北京饭店,另一次是在周恩来家中。

扎哈罗夫说:"你们太谨慎了,打仗哪能没有牺牲,大不了损失一些飞机和飞行员。"周恩来说:"不是我们不愿意做出更大的民族牺牲。空军就这么一点力量,损失掉就很难发展起来。我们的原则是在战争中学习战争,在战争中壮大发展,目的是越战越强;如果越战越弱,最终元气大伤,甚至动摇了赖以发展的根本,那是我们不能接受的。"

根据中央军委的指示,刘亚楼还着手组建志愿军空军领导机构。关于志愿军空军司令员的人选,志愿军司令员彭德怀和东北军区司令员高岗亲自点名要中南军区空军司令员刘震。11月4日,刘亚楼派飞机将刘震从

武汉接到北京,当夜紧急约见了他。

刘亚楼很明确地告诉刘震:"调你去东北军区空军工作,就是为了组织志愿军空军入朝作战,将担任志愿军空军司令员。"刘震已有思想准备:"好,我服从组织的安排。"

【元帅语录】

时间的步伐有三种:未来姗姗来迟,现在像箭一样飞逝,过去永远静立不动。

刘震也是位老资格的革命者。他15岁参加革命,土地革命时期曾任团政委,21岁时就担任了师政委。抗日战争时期历任八路军、新四军团政委、团长、旅长等职。解放战争时期,刘震历任东北民主联军二纵司令员、39军军长等职。

文化大革命期间,吴法宪将刘震往死里整,使他的身心都受到了很大的摧残。当刘震重新出来工作,而吴法宪被判刑后,刘震却以高度的原则性和豁达胸襟,为吴法宪说了公道话。

有位二纵的同志,在"文革"期间受了吴法宪的迫害后,就说吴法宪是老反革命,是草包政委。刘震严肃地对他说:"吴法宪反革命是后来的事,在二纵当政委时是革命的;也不能说他是草包政委,草包怎么能保证部队打胜仗!说党任命一个草包当政委,这不是给党脸上抹黑吗!"

在志愿军空军司令部成立后,后来又组成了中朝联合空军司令部,简称"空联司",仍由刘震任司令员,中、朝双方各一人任副司令员。

1954年后，刘震任空军副司令员，1955年授上将军衔。共和国首次授衔，空军出了两位上将，即刘亚楼和刘震。刘震后来还兼任空军学院院长，成为刘亚楼的得力助手。入朝初战，志愿军空军就打破了"美国空军不可战胜"的神话。

志愿军司令员彭德怀临行前，望着空军司令员刘亚楼说："空军司令官，我等着你的空军呐！"为了准备入朝作战，刘亚楼还加紧组建新空军部队。从1950年11月到1951年5月，共组建了10个歼击师、2个强击师、2个轰炸师和1个运输师，大大加强了人民空军的力量。

对于志愿军空军来说，初战取胜对于树立信心和积累经验是非常重要的。刘亚楼经过慎重考虑，决定把初战任务交给实力最强的空四师。刘亚楼向空四师师长方子翼、政委李世安等领导反复强调第一仗的影响：要"慎重初战"。

1951年1月21日的初次空战中，空四师二十八大队大队长李汉绕到敌机后将其击伤，其余敌机逃向黄海上空。刘亚楼闻讯后十分高兴，亲自给空四师发了贺电。在1月29日的空战中，李汉击落、击伤敌机各一架。"美国空军不可战胜"的神话被打破了，这给了志愿军空军指战员以极大的鼓舞。

刘亚楼指示空四师师长方子翼要每个参战的飞行员都要写出心得体会，且还要注意正反两个方面。1951年7月美空军发起"绞杀战"后，刘亚楼指示志愿军空军从9月起，以师为单位轮番参战，以老带新，陆续参战，以掩护我铁路运输线。在9月25日的空战中，飞行员刘涌新单机与敌6架F86战斗机交锋，首创志愿军空军击落美空军最先进F86战斗机的先例。

在9月26日、27日的两次空战中，志愿军空军和苏军空军联合出动，使美空军"绞杀战"计划受到严重挫折，他们不得不承认"清川江以北已成为米格飞机的天下"，中国空军"严重地阻碍着联合国军的空中封锁路线的活动"。刘亚楼将战报上报中央军

【元帅语录】

任何节约归根到底是时间的节约。时间就是能力等等发展的地盘。时间是世界上一切成就的土壤。时间给空想者痛苦，给创造者幸福。

委后,毛泽东极为高兴,写下"刘亚楼同志:此件已阅。空四师奋勇作战,甚好甚慰,你们予以鼓励是正确的,对壮烈牺牲者的家属应予以安慰"的批语,给志愿军空军指战员以极大的鼓舞。

人民空军在短时间内连挫美军,无疑更坚定了毛泽东要打赢这场战争的决心。毛泽东为志愿军空军的出色战果感到振奋,他扬着胳膊高兴地说:"空军的首战胜利,政治意义远远超出了军事意义!"

"亚楼同志,你们空军没有完全执行主席的命令哟!"周恩来将双手抱在胸前,意味深长地对刘亚楼笑道。在场的人怔住了,不解地望着周恩来。"主席对空军参战,归纳起来说了三句话,空军在战斗中成长壮大;初次打仗,采取稳当的办法为好;一鸣则已,不必惊人。对前面的两个指示,空军如实遵照执行了,只是后一句话,被改成了,不鸣则已,一鸣惊人。"周恩来风趣的话语引出了满堂笑声。

共产党中国几乎在一夜之间就变成了世界上主要空军强国之一。1952年2月14日,北京大雪初停。毛泽东带着身边的工作人员胡乔木、叶子龙等人"突袭"空军司令部。毛泽东视察后很满意,指示:"抓紧时机再进行实战锻炼,已经参战的各师再打几次空战也是好的。"

毛泽东亲临空军司令部的翌日,空军党委常委召开了扩大会议,研究落实毛主席的指示。到5月,加打一番的作战部署形成。接着,在10月的6

次空战中,空四师共击落敌机20架,击伤10架。

【成长箴言】

　　时间是一个伟大的作者,它会给每个人写出完美的结局来。时间最不偏私,给任何人都是24小时;时间也是偏私,给任何人都不是24小时。

敌人不得不承认,我空军"在朝鲜的活动达到了高潮,而联合国军的空中优势陷入危险境地"。在空四师取得重大战绩后,刘亚楼让其回二线休整,调空三师参战。11月4日至10日,空三师击落敌机9架,而自己无一损失。

刘亚楼很高兴,亲自宴请参战指战员。"你们真给我长脸啊!我为你们感到骄傲。"刘亚楼还亲自参加空三师的战后总结会,帮助他们总结经验教训。12月2日、5日和8日,空三师接连参加了3次敌我双方达300余架飞机的大规模空战,并且与美最先进的F86战斗截击机进行了作战。这3天,空三师击落F86飞机9架、F84飞机4架,击伤F86飞机2架。

从此,美空军在鸭绿江和清江之间所谓的"空中优势"受到了很大的削弱,被迫放弃了对"三角地区"的封锁。美国远东空军司令威兰中将在1951年12月26日举行的记者招待会上,不得不承认对交通线进行的空中封锁越来越困难了,在平壤以北中国空军"取得了主动地位",因而被迫决定"战斗轰炸机以后不在米格走廊内进行封锁交通线的活动"。

美空军参谋长范登堡将军也惊呼:"中国共产党几乎在一夜之间就变成了世界上主要空军强国之一。"随后,遵照毛泽东锻炼部队的指示,刘亚楼调空十五师、空十二师、空十七师、空十八师相继赴朝参战。到1952年1月为止,仅空三师就击落美机55架、击伤8架,我方被击落16架、击伤7架,创造了骄人的战绩。仅大队长王海和僚机焦景文

【元帅语录】

别人夸奖你的时候,要堵上耳朵;批评你的时候,要送上耳朵。

二人,就击落、击伤美机9架。

刘亚楼将空三师的战果上报中央军委。毛泽东兴奋异常,1952年2月1日,他高兴地写下了"向空军第三师致祝贺"的批语。截至1952年5月底,志愿军空军歼击航空兵部队共有9个师18个团按计划进行了轮战锻炼,出战(共计)中计有85批1602架次进行空战,击落敌机123架、击伤敌机41架,我机被敌击落84架、击伤28架。这些成绩的取得,与刘亚楼大胆果断地下定决心,积极正确地实施指挥是分不开的。1952年12月,志愿军空军灵活运用"一域多层四四制"的空战战术原则,作战26天,击落美机37架、击伤7架;而我方被击落战机12架、击伤14架。

到1953年7月27日朝鲜停战协定签订时,志愿军空军共击落美空军、海军飞机330架、击伤敌机95架,取得了骄人的成绩。毛泽东在一次接见志愿军代表团时,曾高举酒杯十分动情地说:"有了空军就好,空军万岁。"

刘亚楼曾经多次讲过:"我最讨厌那种房子越住越想宽敞,汽车越坐越讲豪华,家具越换越求漂亮,心思不用在工作上,而专门在待遇上打转的庸俗作风。"

1955年9月,刘亚楼被授予空军上将军衔,并获得一级八一勋章、一级独立自由勋章、一级解放勋章。1956年党的"八大"上,刘亚楼又当选为中央委员。1957年2月21日,中央军委决定空军和防空军合并,防空军被取消,职能并入空军。3月26日,中央军委宣布了合并后的空军领导名单:空军司令员刘亚楼,政治委员吴法宪,副司令员王秉璋、刘震、成钧、曹里怀、谭家述、常乾坤、徐深吉。

击落"黑小姐"

1957年后,国民党空军利用改装后的B17飞机,在夜间低空袭扰大陆纵深地区。这种飞机比较先进,可以侦察到地面雷达,窃听到对方的指挥通话,续航时间可达17个小时,而我空军无法在夜间进行低空作战。1957年我空军部队出动69次进行拦截,无一次成功。1957年11月20日,一架国民党B17飞机低空进入大陆,穿越了9个省,飞抵石家庄上空。刘亚楼指挥空军航空兵起飞18架次拦截,都未拦截到敌机。

当晚,周恩来正乘飞机从外地返回北京。周恩来一下飞机,就让人告诉刘亚楼,应用一切办法将蒋机击落。

12月18日,毛泽东也指示空军要"全力以赴,务歼入侵之敌"。毛、周的指示,给刘亚楼以很大的压力。他马上组织空军部队对战备工作进行全面整顿,改进截击机的雷达性能,加强组织指挥,让各部队以最优秀的人组成"一号班子",提高拦截能力。刘亚楼的这些措施初见成效,1958年,空十八师等部队已经在夜间几次发现敌B17飞机。1959年5月,在一次空军军以上参谋长会议上,刘亚楼要求:"无论如何要在国庆节前打下一两架敌机!"

5月29日夜,一架国民党B17飞机窜入广东西部,空十八师截击机中队长蒋哲伦迎战,地面指挥员命令他通过改换无线电频道,使敌机无法侦察到。在领航员的精确引导下,蒋哲伦击落敌机,机上国民党少校飞行员胡平山等15人全部毙命。刘亚楼极为高兴,命令参战人员到大连,向参加空军集训的师以上干部介绍经验。

此后,国民党空军一连9个月未敢夜间出动。1960年2月以后,国民党空军改为使用由美国海军反潜巡逻机改装而成的功能更为先进的P2V型飞机袭扰大陆纵深。为对付P2V型飞机,刘亚楼想了很多办法,其中以加强雷达兵部队的侦察能力最为明显。

1961年11月6日,当蒋军一架P2V飞机窜入东北时,被空军6个雷达站侦察到准确位置。高炮部队集中开火,一举

将P2V飞机击落。1963年6月20日，当一架P2V型飞机窜入南昌上空时，被空二十四师截击机大队副大队长王文礼驾机击落。此后，蒋军P2V型飞机再未深入大陆纵深袭扰。

20世纪50年代和60年代，国民党空军还使用美国RB57D和U-2等高空侦察机对大陆进行战略侦察。由于这两种飞机的飞行高度在2万米以上，歼击机和高炮对其无能为力。尤其是U-2飞机，它的最大飞行高度为2.3万米，身上披黑纱（特别涂料），对雷达电波有很大的吸收作用，使它的荧光屏上的回波信号变得很弱，稍不注意就滑脱了。这种飞机耳聪目明，只要对方雷达一开机，它左旋右转就溜之大吉，根本不进入对方的有效射程，因此有"空中黑小姐"的美誉。

为对付这两种飞机，1958年10月，空军地空导弹部队成立。在1959年国庆节前夕，地空导弹部队首次担负首都防空作战任务，刘亚楼千叮咛万嘱咐，以保证万无一失。10月7日，国民党空军上尉飞行员王英钦驾RB57D飞机以1.92万米的高度窜入北京上空，刘亚楼在空军指挥所里密切地注视着它。

刘亚楼果断下令使用地空导弹发射，并准确命中目标。RB57D飞机被击中，飞行员王英钦丧命。这也是世界防空史上首次使用地空导弹击落飞机的先例。在RB57D飞机被击落后，国民党空军在两年零三个月的时间内不敢再到大陆进行高空侦察。

20世纪60年代，美国的U-2飞机曾不可一世，美军叫嚣无人能打，连苏联也对其无可奈何。孰料中国的领空，却成了它们的死亡之海。

【成长箴言】

许多时候，我们不是跌倒在自己的缺陷上，而是跌倒在自己的优势上，因为缺陷常常给我们以提醒。

1962年1月起，国民党空军改用U-2高空侦察机对大陆进行侦察，远达西北核试验基地上空。此时中国正快马加鞭研制"两弹"，美国亟待了解中国发展核武器的进展情况，技术一流的B17侦察机、RB57D高空侦察机、P2V低空侦察机先后被我空军击毁后，便利用台湾空军飞行员驾驶性能更优越的U-2飞机，深入大陆内地侦察照相、搜集情报。

【成长箴言】
　　一个常常看别人缺点的人，自己本身就不够好，因为他没有时间检讨他自己。

　　这个黑色幽灵曾光顾过世界许多社会主义国家，为美国当局搜集情报立下汗马功劳。因为它拍下了苏联在古巴兴建中程弹道导弹基地的照片，使苏联在政治上陷入窘境，被迫全部拆除24枚中程地对地导弹。1960年，美苏两个超级大国差一点为U-2间谍飞机事件打起来，在世界上引起轩然大波。

　　1960年，台湾当局从美国手里接收了U-2飞机，挑选飞行员编成"第35气象侦察中队"。该中队隶属于国民党空军总部情报署，实际上是美国情报机构控制的一个战略侦察中队。因其队徽是红色底漆加1个黑猫头，所以被称为"黑猫中队"。

　　在当时解放军的防空兵器中，只有苏制萨姆2导弹才能对付U-2飞机。而能掌握此种尖端武器的，只有区区5个导弹营。在北京守株待兔几次未果后，刘亚楼同他的作战班子识破了敌人的新花招，改变了既有战法，选择新的作战地点，只留一个营的兵力继续守卫北京，其余的营在U-2经常活动的航路上机动设伏。敌U-2侦察机的活动范围远达整个大陆，刘亚楼强调必须实行机动伏击，采取"一锤子买卖"的作战方法。

　　1962年8月27日，在夜幕掩护下，二营营长岳振华率部由湖南长沙转至江西南昌向塘隐蔽设伏。一个星期过去了，敌机还是不见踪影。刘亚楼定了一个密计，决定变守株待兔为引

蛇出洞,或称引鱼上钩。9月7日,刘亚楼命令驻南京的一个轰炸机大队公开大张旗鼓地转移到南昌附近的一个机场,引诱敌机。

果然,第二天,国民党空军出动一架U－2飞机,由福州沿鹰厦铁路北上。刘亚楼果断下令将其打下来。8时32分,地空导弹部队二营以3枚导弹将敌U－2飞机击毁,中校飞行员陈怀殒命。

首次击落U－2高空侦察机,是刘亚楼采取地空导弹部队开展机动作战所取得的第一个战果。这是中国击落的第一架U－2飞机,也是世界上第一次打下U－2飞机。周恩来闻讯后兴奋异常,亲自给地空导弹二营打电话祝贺。这时正好陈毅和夫人张茜、贺龙和夫人薛明在周恩来处做客。周恩来听了这一振奋人心的消息,无比高兴,欣然表示:"今天我请客,用茅台酒招待你们。"可是厨师告诉总理没有什么好菜。周恩来听后说道:"不要紧,我们就到北京饭店去高兴高兴吧!"

到了北京饭店,周恩来问大家想吃什么菜,贺龙说:"我们就狗肉喝茅台吧!"陈毅十分赞成这个提议,他早就想解解馋啦!就这样,边议边喝边吃。陈毅吃得汗流浃背,满脸红光。贺龙不时抚摸着胡子,大口地喝茅台酒,大块地夹着狗肉往嘴里送。张茜却是既高兴又少言语,也许是有什么心事吧……

"哎唷!"陈毅突然惊叫起来,接着就说道,"张茜啊,你踩得我的脚好疼哟!"周恩来忙问陈毅:"发生了什么事?"陈毅转身对着张茜笑道:"今天击落黑小姐,总理高兴得用工资请我们喝茅台吃狗肉,还给我们斟酒,你说能不喝一个痛快吗?这回你就开开绿灯吧,不要老是踩我的脚嘛!"张茜对陈毅一向还是很宽容的,可是今天张茜看陈毅高兴得像孩童一样,怕他贪杯影响身体,更担心在总理面前失态,桌面上又不好打招呼,怕扫大家的兴趣,只好在桌底下暗做手脚,给陈毅以踩脚警告。谁知性情豪爽的陈老总喝得痛快,却把秘密公诸于众。

此话一出,乐得在场的个个捧腹大笑,

【元帅语录】

不劳动,即使是池塘里的鱼也捞不起来。供给人们的甜食已经够多了,他们的胃因此得了病,这就需要苦口的良药和逆耳的忠言。

周恩来更是笑得前仰后合。张茜羞得两颊绯红,连说:"火车进站,就你吼得凶。"无可奈何的她只好跟着大笑起来。

9月15日,首都各界1万多人在人民大会堂举行盛大集会,庆祝击落U-2飞机。这件事也成为国际舆论关注的焦点,一些舆论称"对中国国防现代化应该重新评估"。9月20日,刘亚楼带着二营营长岳振华到中南海向毛泽东、刘少奇、周恩来、朱德等党和国家领导人当面汇报,受到很高的赞誉。

1963年10月,刘亚楼命令地空导弹部队转移到浙江、江西交界的地区潜伏。11月1日,岳振华指挥二营击落窜至甘肃后返回的一架国民党U-2高空侦察机,擒获跳伞的少校飞行员叶常棣。

1964年3月1日,空军高炮独立第四师成立,辖地空导弹3个营,岳振华被任命为副师长。他本来应该离开营长位置,却被刘亚楼一个电话找去北京接受任务。刘亚楼对手下的这位爱将说:"你这次出去,一定要打下一架敌机,这不仅是振国威扬军威的大事,也是振奋我们空军士气的大事!如果李南屏的U-2出动,你能把它打下来,那就更好了,才算真有本事!"

李南屏何许人也,值得刘亚楼如此高看?

李南屏曾驾驶U-2飞机多次深入大陆侦察,其中一次进入地空导弹火网,他及时按下"12号系统"的警示,逃脱了攻击。为此,他受到蒋介石召见,并被授予"英雄"称号。自U-2被击落,国民党飞行员几乎皆成惊弓之鸟,对到大陆"出任务"谈虎色变。唯有多次受蒋介石接见、名叫李南屏的"双料英雄"、"空中飞虎",竟在人前狂妄夸口:"共军有飞弹,我偏要到他们的飞弹阵地上空去闯,它打不着我!"

【成长箴言】

要克服对死亡的恐惧,你必须要接受世上所有的人都会死去的观念。所有的病患,医生最难治;所有的众生,自以为是的人最难度。

刘亚楼记住了这个李南屏。5月8日,岳振华带领二营从内蒙古出发,15日夜间进入漳州机场附近开设阵地。部队偃旗息鼓,不校正兵器,禁止无线电通话,伪装严密,在敌机的眼皮底下50多天,未被发现。

7月7日,李南屏驾U-2飞机侦察中越边境后,再返粤东一带侦察。王锡舜驾另一架U-2飞机从上海入陆,配合李南屏的行动。又从侦察中队出动一架飞机低空直飞大陆边缘,目的是分散福建指挥机构的精力。从11时30分起,北起上海,南至广州,3架敌机,两高一低,时而入陆,时而出海。岳振华审时度势,三易决心,准确判断。部属动作娴熟,配合默契,临阵不乱。

12时25分,李南屏飞机在汕头以南面上空绕半圈后,直飞漳州。雷达稳稳地抓住目标,先使用"反电子预警1号"。12时36分,敌U-2飞机距阵地32.5公里时,导弹营突然打开制导雷达天线。3秒钟后,3发导弹冲天。李南屏看到"12号系统"警示灯亮起,想以30度坡度转弯逃脱,但为时已晚。

人们从漳州东南7公里红板村的U-2飞机残骸中发现,李南屏在座舱中,已死亡。台湾桃园指挥所一直监控着李南屏的行踪,突然从无线电中听到李南屏连呼三声"12号高频亮起!"之后杳无音信。台湾方面自知情况不妙,当天就出动大批舰船、飞机,四处寻找。

击毙有国民党"空中飞虎"之称的中校飞行员李南屏,刘亚楼欣喜异常,亲自赶到漳州向二营官兵祝贺。这次二营再次击落国民党U-2高空侦察机后,刘亚楼代表中央军委、国防部和空军首脑机关专程从北京赴漳州参加祝捷大会。主持会议的一位地方领导,讲话含糊不清、东拉西扯。刘亚楼当众夺过话筒,怒斥道:"你不懂,就不要乱弹琴!"众人皆惊。毛泽东曾当面提醒过刘亚楼:"刘亚楼哇,你不要锋芒毕露,要锋芒半露嘛!"刘亚楼还就这次击落台湾国民党一架U-2高空侦察机及击毙国民党王牌飞行员李南屏的胜利,亲自向中央军委起草报告。

毛泽东在刘亚楼的报告上批示道:"亚楼同志,此件看过,很好,向同志们致贺！"毛泽东对周恩来说："这个部队在哪里？我要见见他们。"刘亚楼再次带着二营全体指战员晋见毛泽东等中央领导。毛泽东兴致勃勃，风趣地对刘亚楼说："为什么你不让别的部队去打仗，都锻炼一下嘛！美蒋就那么几架U-2飞机，你做个计划，不够我们打的嘛！"

1964年10月16日，中国成功地在罗布泊爆炸了第一颗原子弹。这说明用不了多久，中国就可把氢弹制造出来。为查清这个问题，美方决定派U-2飞机对兰州、包头进行重点侦察，并在U-2飞机上增加两项设备：一是红外线照相设备，可在夜间实施红外照相；二是加装了"13号系统"，采用"角度欺骗回答式"干扰，当它收到我制导雷达讯号后，即放出U-2飞机的假讯号，由于制导雷达跟踪的是假讯号，发射的导弹不可能击中真目标。

1964年11月26日，一架U-2飞机夜间窜犯兰州上空。当该机钻进火力范围，二营立即使用"反电子预警1号"和"近快战法"，距U-2飞机33.5公里时发射3发导弹。由于敌机使用"13号系统"，地面制导雷达跟踪的是假讯号，没有命中目标。U-2飞机趁机返航。针对U-2飞机"13号系统"的功能，刘亚楼指示空军研制"反电子预警2号"。地空导弹各营针对U-2飞机夜间活动规律和特点，进行了多次演练。

1965年1月10日18时，台北桃园机场，身着高压服的蒋军飞行员张立义，在别人的帮助下，进了3512号U-2飞机的座舱。飞机迅速起飞。出发前队长告诉他：这架飞机上装着美国先进的反地空导弹的电子预警装置，你只要按动一个电钮，就放出强烈的电子干扰，使导弹偏离正确轨道。所以他充满了安全感。

19时56分，飞机从山东海阳入

陆,高度2万米,经黄骅、大同飞向包头。隐蔽设伏在包头的我地空导弹第一营,当天下午就做好了战斗准备。当张立义飞机接近包头、准备使用红外相机照相时,一营使用"反电子预警2号",使U-2飞机上的"12号系统"完全失灵。紧接着3发导弹升空。张立义来不及使用"13号系统",飞机就被导弹击毁。张立义糊里糊涂地跳伞被擒。这是地空导弹部队第一次夜间击落U-2飞机。这次战斗缴获了一整套装在机上的"13号系统"——电子干扰装置。

1967年9月8日上午,"黑猫中队"飞行员黄荣北上尉,驾驶U-2飞机侦察沪杭地区。隐蔽设伏在嘉兴机场的地空导弹第十四营,首次使用中国自制的"红旗"2号地空导弹和新的反电子干扰装置,彻底破解了对方的"回答式"干扰,将U-2飞机击毁。黄荣北死于座舱。飞机残骸落于海宁县西南5公里的星光村。

至此,中国空军地空导弹部队用现代化的兵器,开展游击战,击落了敌5架U-2高空间谍飞机。

陪毛泽东乘坐飞机

建国初期,为了保证毛泽东的人身安全,中央做了一条不公开的规定,禁止毛泽东坐飞机。毛泽东看到刘少奇、周恩来、朱德等外出,都是云里来雾里去,羡慕之余,心里也痒痒的。1956年4月的一个夜里,刘亚楼突然接到毛泽东亲自打来的电话,说他要去广州,叫刘亚楼准备好飞机。

刘亚楼知道中央不让毛泽东坐飞机的不成文规定,便以人民空军组建不久,驾驶员水平不高,万一出了事故,无法向全党全军全国各族人民交代为由,坚决不同意。但毛泽东仍然坚持要坐飞机。刘亚楼不好拒绝,立刻禀报了周恩来总理。周恩来见毛泽东态度很坚决,也不好反对,就亲自安排,指示刘亚楼要选择最保险的机型、最优秀的驾驶员,各个环节严格操作,确保飞行安全。

当时,空军只有伊尔14和里2型运输机。刘亚楼考虑到里2型飞机飞行了五六年,稳定性比较好,最后确定使用里2型飞机。刘亚楼又从众多飞行员人选中挑出胡萍。胡萍在陆军当过团长,到空军后任飞行团团长,曾多次担任过接送中央首长的任务,驾驶技术好。

5月2日晚,胡萍给机组下达飞行任务时,出于保密的要求,只简单地告诉大家:航线由北京经武汉,降落终点是广州的白云机场。机组人员也不知道是谁要用飞机。5月3日上午,刘亚楼和政委吴法宪来到机场。不一会儿,胡萍招呼机组人员:"都过来集合,请司令员下达飞行任务。"

刘亚楼情绪激昂:"同志们!今天坐飞机的是毛主席!这是我们空军的光荣,也是你们的光荣……"站在他面前的机组人员不过6个人,但刘亚楼依旧声音洪亮,似乎面对的是千军万马。

"中央的同志曾考虑请毛主席坐外国的飞机,请外国人来我们中国的天上飞,可是毛主席不同意!主席说了:外国人驾驶的飞机我不坐,我就是要坐咱们中国人驾驶的飞机!这是毛主席对我们空军最大的信任。但是,我们肩上的责任也非常的重大。你们一定要拿出全部的本事,尽最大的力量,用最高的责任心,保证完成好这次光荣而又重大的任务。"

刘亚楼讲完话,便径直上了飞机。机组人员彼此未来得及表达内心的感情,就跟在他的后面到了机舱里。对飞机上所有该检查的地方都检查以后,刘亚楼还是不放心,他再次嘱咐道:"这可是毛主席第一次坐我们空军的飞机,你们千万要谨慎小心,冷静沉着,不要紧张。"

不一会儿,毛泽东来了。他首先仰头观望飞机。刘亚楼马上跑到前面,向他报告这架飞机的基本情况。"主席,这是一架苏联制造的里2型飞机,这种飞机安全性很好,起飞、平飞都比较稳。这架飞机机号是8205号,已经飞行5年多

了。飞行状况很好。主席,请您上飞机吧。"

毛泽东走到机组人员前,同他们一一握手,并询问了每一个人的姓名、年龄,很高兴地说:"你们都很年轻啊!"

"主席,飞机经过试飞、检查都良好,航线上一律都是晴空,是个难得的好天气。我们是不是可以走了呢?"刘亚楼再次请主席上飞机。毛泽东没有说话,点了点头,再次把飞机巡视了一遍,然后大步走向飞机。

"我们就坐在这里上天去,那就飞吧!"毛泽东满面春风,下达了开飞的"命令"。目睹蓝天白云,毛泽东毫无倦意,不时问刘亚楼培养一名飞行员需要多少时间,飞专机的飞行员与飞战斗机的飞行员有什么不同,等等。刘亚楼边用手比画,边向毛泽东一一做了回答。

由于空中气流的涌动,飞机偶尔略有颠簸,搞得人们都很紧张。刘亚楼等马上走上来劝主席上床休息一下。毛泽东摇摇头,风趣地说:"没关系,你没感觉到小孩坐摇篮的味道吗?"这一玩笑,顿时使大家感到轻松了许多。

经过4个半小时的空中飞行,飞机于12点30分降落在武昌南湖机场。步出机舱,毛泽东对刘亚楼说:"还是飞机这东西好,飞得快,我们就要有自己的飞机才行。"当天下午,专机从南湖机场起飞,经过3个半小时的航行,到达广州白云机场已是下午6时。

5月29日,毛泽东结束了对广州的巡视。刘亚楼命令分管专机工作的空军副参谋长何廷一率领3架里2型飞机去广州接毛泽东一行回京。5月30日,飞机由广州飞长沙,再由长沙飞武汉。由于北京天气不好,在武汉停留了4天。6月4日上午,空军司令部气象处来电话说:"北京天气已好转,你们争取下午5点钟之前到达北京西郊机场。"中午12点多钟,何廷一乘飞机在最前面观察天气。毛泽东、罗瑞卿、杨尚昆等领导乘第二架飞机,其他工作人员乘第三架飞机,三机每隔15分钟起飞一班。

当飞到河北上空时,何廷一非常震惊,只见西面和北面电闪雷鸣,雷雨云层可达1.5

【成长箴言】

　　一匹驴,吃再好的草,也不会成为一匹骏马。用执著和分别心去修行,再大的精进,也不会成佛。

万米到2万米。而里2型飞机时速慢,升高极
限也只有4000米,无法从云顶飞越。飞机如
若遭遇雷电袭击,就有可能机毁人亡。更严
重的是,由于强大雷电的干扰,使飞机上无
线电通讯完全失灵,何廷一与后面的飞机
失去了联系。

【元帅语录】

　　如果不爱他的父母、同志和朋
友,他就永远不会爱他所选来做他妻
子的那个女人。

天气恶化,情况突变,在北京机场塔台坐镇指挥的刘亚楼心急如焚。

机场上有几位迎接毛泽东的有关人员,他们开始还相互交谈,兴趣盎
然,有的悠闲地开着玩笑。随着飞机着陆时间一分一秒地延迟,人群逐渐
沉静,空气都似乎凝固了。他们之中有的不停顿地抬腕看表,有的双目茫
然地遥望南面的天际,有的搓着双手来回踱步。

当何廷一的飞机穿出云层降落后,刘亚楼急忙向他询问情况。获悉气
象情况后,刘亚楼吓出了一身冷汗。负责与飞机联络的塔台指挥员蔡演威
更是急得大汗淋漓,他对着无线电话筒喊哑了嗓子,也没听到空中飞机的
一丝回音。

刘亚楼急了,对着蔡演威吼道:"你一定要联络上!"

他们在焦急中熬过了近一个小时。终于,第二架和第三架飞机从厚厚
的云层穿出来,平稳地降落机场。

刘亚楼跑下塔台,没等毛泽东走下飞机,就站在才打开的机舱门前,
冲着里面大声说:"主席呀!吓死我了!我们多为您的安全担心啊!现在好
了,平安无事了。"

担任塔台指挥员的蔡演威对机组人员哭诉道:"你们可救了我一条
命。"

"怎么回事?"

"敢情你们还不知道怎么回事?与你们失去联络半个多小时呀!没
有任何消息,不知道飞机在什么地方,不知道飞机是否安全无事。上面
坐着的可是毛主席呀!刘司令员守在我的身边一个劲儿催:'快叫,快给我
叫!'我的嗓子都喊哑了,始终听不见你们回答。刘司令员急了,直冲我喊:

'再联络不通,我枪毙了你!'司令员的脾气你是知道的。可我要是死了,也冤呀!"

蔡演威连珠炮似的放了一通,一副惊魂未定的样子。

飞机遇险,毛泽东一点也不紧张,还对刘亚楼说:"你还骗我说空军没有好的驾驶员,这下可揭穿你的鬼把戏喽!"

刘亚楼病逝

1964年下半年,正在出访巴基斯坦的刘亚楼突然感到身体不适。回国后体检,医院认为他病情严重,怀疑肝癌。中央军委当即决定让刘亚楼停止工作住院治疗。但此时的刘亚楼哪里顾得了那么多,美国的无人侦察机不断入侵中国进行骚扰,几次出动飞机拦截,均未成功。10月15日,刘亚楼飞赴广东,与指挥员、飞行员及有关战勤人员分析无人驾驶侦察机的性能情况,给飞行员鼓劲。11月15日,美国无人驾驶侦察机在雷州半岛被击落。这时,他才遵照毛主席的叮嘱,接受治疗。11月16日,数十位国内一流专家组成医疗小组对刘亚楼的病情进行会诊,认为有可能是肝癌。

医疗小组将刘亚楼的病情上报党中央和中央军委。毛泽东、周恩来等中央领导人都震惊了，毕竟刘亚楼还很年轻啊！他们当即指示："赶快治，哪儿条件好到哪儿治！要全力以赴。"周恩来还特别指示："暂不要将亚楼同志患肝癌之事向外透露，对家属尤其保密。"1964年11月26日，毛泽东在刘亚楼的信上批示："亚楼同志，此件已阅，很好。闻你患病，十分挂念。一定要认真休养，听医生的话，不可疏忽。"

　　1965年3月下旬，刘亚楼的病情开始恶化。此时，空政文工团的歌剧《江姐》和话剧《女飞行员》正在上海演出，他多次听取演出情况汇报，还找来编导和演员，研究观众的意见，修改剧本。1965年5月，刘亚楼病逝于上海。

大学小百科

　　苏德战争年代，伏龙芝军事学院军事科研工作主要是总结作战经验，以讲义、战例汇编、情况通报和单行本参考材料等形式向学员和部队介绍。战后，出版了《苏德战争合同战术战例》(1~6卷)、《苏德战争时期苏军战术的发展(1941—1945)》，以及9种教科书、120种教学参考书。还积极参加了条令和教令的拟制工作，撰写了210余篇有关战役学和战术学的科研著作。

第三课　伏龙芝军事学院名人榜——刘伯承元帅

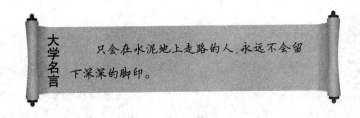

大学名言

只会在水泥地上走路的人,永远不会留下深深的脚印。

生平简介

刘伯承(1892-1986),中华人民共和国元帅,中国人民解放军创始人和领导人之一,现代军事家。1911年参加辛亥革命,入学生军,参加了护国、护法战争。加入中国共产党后,组织过沪顺起义、南昌起义,先后任过中央红军总参谋长、八路军一二九师师长、第二野战军司令员、军事学院院长、中央军委副主席等职。他对中国革命军队的建立和壮大,对革命战争的胜利和新中国的成立,对我军向正规化现代化的迈进都做出了不朽的贡献。

1892年12月4日刘伯承生于四川省开县赵家场,5岁读私塾,12岁开始接受新式教育。15岁时因父病故,家庭困难,被迫辍学务农,饱尝生活艰辛,立志"拯民于水火"。1911年,当辛亥革命的风暴席卷神州大地之际,毅然选择了从军之路。当时,亲朋好友多不赞成此举,他却慨然作答:"大丈夫当仗剑拯民于水火,岂顾自己一身之富贵?"他剪掉辫子,怀着富国强兵的强烈信念,投入了孙中山领导的民主革命。

投身革命初期

【元帅语录】

　　在集体农庄党的会议上将研究两个问题:建造木棚和建设共产主义。在没有木板的情况下,直接研究第二个问题。

　　1912年2月考入重庆蜀军政府开办的将校学堂,学习各门近代军事课程,同时熟读中国古代兵书,《孙子》《吴子》等经典名著的许多章节出口能诵。在将校学堂10个月,他不但学业出众,而且以举止端正、操守有持、恶习不沾闻名全校,被同学们称为"军中菩萨"。1912年年底毕业后被分派到川军第5师熊克武部,先后任司务长、排长、连长。1913年参加四川讨袁之役,失败后于1914年在上海加入孙中山领导的中华革命党。1915年年底奉命返回四川,拉起400余人的队伍,组成川东护国军第4支队。1916年3月在指挥攻打丰都县城时,右眼中弹致残。在疗伤过程中,他为了不损害脑神经,强忍钻心的疼痛,坚持不施麻药,主刀的德国医生赞叹其为"军神"。1917年参加护法战争,任川军第5师第9旅参谋长、四川督军署警卫团团长。1923年参加讨伐北洋军阀吴佩孚的战争,任东路讨贼军第1路指挥官,取得驰援龙泉驿等战斗的胜利。8月在作战中右腿负重伤。在成都治疗期间,结识川籍共产主义者杨闇公、吴玉章,开始接受马克思主义。

　　1924年10月起,随吴玉章到上海、北京、广州等地考察国民革命形势和中国社会现状,途中所见所闻,使他坚定了共产主义信仰。1926年5月经杨闇公、吴玉章介绍,正式加入中国共产党。12月任中共重庆地委军事委员会委员,奉命与杨闇公、朱德等发动沪顺起义。由于他熟知川军情况

且素负众望，被赋予"国民革命军川军各路总指挥"的重任。在历时167天的起义过程中，他调兵遣将，进退有方，安民治政，措置裕如，有力地策应了北伐战争，实现了中共中央关于抑制四川军阀部队东下威胁武汉的战略目的。1927年4月被武汉国民政府任命为暂编第15军军长，这是中共党员在国民革命军中被任命的第一个军长职务。7月下旬秘密转赴南昌，与周恩来、贺龙、叶挺、朱德等领导了震惊中外的南昌起义，任中共前敌委员会参谋团参谋长。同年年底奉派赴苏联学习军事，先入莫斯科高级步兵学校，后转入伏龙芝军事学院。刚到苏联时，为攻克俄文关，他"视文法如钱串，视生字如铜钱，汲汲然日夜积累之；视疑难如敌阵，惶惶然日夜攻占之，不数月已能阅读俄文书籍矣"。

1930年夏学成回国，先后任中共中央军事委员会参谋长、长江局军委书记兼参谋长、中央军委委员，协助中央军委书记周恩来处理军委日常工作，举办短期军事训练班，并负责讲授暴动方略、游击战、运动战等课程。1932年1月前往中央苏区首府瑞金，任中央军事政治学校校长兼政治委员。10月任中国工农红军总参谋长，协助朱德、周恩来在前方指挥作战，取得第四次反围剿作战的胜利。其间，撰写《现在游击队要解答的问题》《到敌人后方开展游击战争的几个教训》等，并翻译多篇苏军教材和理论文章，促进了红军干部军事素质的提高。1934年在第五次反围剿中，因反对共产国际派来的军事顾问李德在作战指挥上的教条主义和专横作风而被撤销总参谋长职务，降任第5军团参谋长。

【元帅语录】

榕树因为扎根于深厚的土壤，生命的绿荫才会越长越茂盛。稗子享受着禾苗一样的待遇，结出的却不是谷穗。

长征初期，协助军团长董振堂执行后卫任务，掩护中央机关通过国民党军4道封锁线。1934年年底复任红军总参谋长，兼中央纵队司令员。1935年1月指挥先遣部队突破乌江，智取遵义，甩开了敌军主力，使伤亡大半、疲惫不堪的中央红军获得了一次难得的短期休整。遵义会议

【成长箴言】

　　生活的激流已经涌现到万丈峭壁，只要再前进一步，就会变成壮丽的瀑布。向前吧，荡起生命之舟，不必依恋和信泊，破浪的船自会一路开放常新的花朵。

上，他坚决拥护毛泽东的主张。会后，协助毛泽东等组织指挥了四渡赤水、二进遵义等战役，使部队跳出了敌军包围圈，直插云南北部，并亲率干部团抢占皎平渡，保障全军渡过天险金沙江。5月兼任红军先遣队司令，同政治委员聂荣臻率部进入大凉山，与彝族首领小叶丹歃血为盟，使全军顺利通过彝族聚居区。继而指挥所部在安顺场强渡大渡河，打开红军北上的通路。红一、红四方面军会合后，坚决执行中共中央关于北上抗日的方针，在逆境中和朱德一起同张国焘的分裂活动进行了斗争，被张国焘撤销总参谋长职务，降为红四方面军红军大学校长。1936年10月红军三大主力会师后，任前敌总指挥部参谋长、红军总参谋长、援西军司令员等职。

人物评价

刘伯承的一生,经历了中国革命战争的全部过程。他判断敌情准确,计划战斗周密,善于出奇制胜,以神机妙算、足智多谋著称。朱德元帅曾赞誉他"具有仁、信、智、勇、严的军人品质,有古名将风,为国家不可多得的将才"。陈毅元帅留下过"论兵新孙吴,守土古范韩"的名句。邓小平同志在《悼伯承》一文中写道:"伯承同志是我党我军的大知识分子,大军事家。他的军事指挥艺术和军事理论造诣,在国内外屈指可数。对于毛泽东军事思想的形成和发展,伯承是有大贡献的。"面对荣誉和功劳,他本人生前曾谦逊地说:"我自己的一生,如果有一点点成就,那是党和毛主席的领导所给我的。离开党,像我们这些人,都不会搞出什么名堂来的。因此,我愿意在党的领导下,做毛主席的小学生,为中国人民尽力。如果我一旦死了,能在我的墓碑上题上'中国布尔什维克刘伯承之墓'十二个大字,那就是我最大的光荣。"其主要著述收入《刘伯承军事文选》。译著有《苏军步兵战斗条令》、苏军《合同战术》等。

大学小百科

伏龙芝军事学院基本系开设的课程有合同战术、战役学、战史、外军史、马列主义哲学、政治经济学、党史和党政工作、外语、军事心理学、军事教育学、军法学和军队财务管理等。训练中强调综合运用讲课、课堂讨论、自学、各种作业、各类演习等多种形式,既提高理论水平又提高实践能力,同时也强调利用现代化设备提高教学质量。

后 记

本丛书是根据世界著名大学文化教育长期思考研究编辑而成，它代表着我的一份独立思考，更代表着我的一份紧张和不安。

我知道书是写给别人看的，且不说怎样去影响别人、打动别人，起码得让人饶有兴致地读下去吧。我试图从新的视角，新的写作方式，尽可能全面准确地把握写作主题，让读者从世界著名的 20 所高等学府中获取知识，从而提高自身的文化素质，学习思考问题和学术研究的新方法。在文化交流中，读者能够从本丛书中了解到世界著名大学的文化教育思想，同时可以学习借鉴这些大学教育经验的有效做法和成功经验。我知道，想到了未必能做到，更未必能做得好。这是个大问题，就算不能够起到抛砖引玉的效果、但是在编写过程中我还是做了大胆的尝试，希望读者们可以在阅读的过程中有所收获，有所启发。

本着这样的想法和初衷，经过长期的准备和编写，书稿业已完成。大学是人才荟萃、知识丰富和精神自由的地方，在大学里，每个大学生的人生都会因为环境而发生重大的转折和改变，这也是人生获取能量、积累资源最重要的时期。因此，大学生在校期间应该兼收并蓄，广泛寻求与老师、同学、校友之间的互动交流机会，从而既可获得一面立体的"镜子"，清晰地认清自己，又能获得各类精神营养的滋润，让自己拥有领袖的气质。

大学是未来领袖的摇篮，是天才的渊薮，也是一个人在走向社会之前的自我磨练的地方。在这样一个思想极度开放自由的地方，作为大学生必然会遇到各种各样的问题。在这套丛书中，我们不仅介绍各所世界名校的

发展历程、研究成果,同时我们还介绍了这些高等学府的知名校友,青少年在阅读时会从那些名人的生平事迹中有所感悟,从而影响青少年读者的人生价值观。我始终认为大学教育是一个人在成才过程中必不可少的教育阶段,在这一时期,大学生们必须要有自我发展的意识,而"未来领袖摇篮"丛书正好符合了青少年在这方面的需求。

大学有着深厚的文化积淀,其功能是培养符合社会需要的人才。尽管大学中的教学活动都是围绕专业知识的传授和学习展开的,实际上,一批又一批的青年学子始终是在学校中各种"潜在课程"、"无形学院"的培养、熏陶和影响下成长的。学知识与学做人,始终是摆在大学生面前的两件同等重要的任务。大学教育的本质在于人的教育。

高等教育的最重要目标并不是为了培养出多少具有先进知识的人才,而是在于培养具有高等素质的复合型人才。换句话说,在学生的专业知识与人格得到全面发展的同时,大学作为培养"未来领袖的摇篮"肩负着责无旁贷的重任。